"十二五"职业教育国家规划教材

经全国职业教育教材审定委员会审定

电子商务基础
（第二版）

李冰梅　主编

中国财经出版传媒集团
中国财政经济出版社

图书在版编目（CIP）数据

电子商务基础／李冰梅主编. --2版. --北京：
中国财政经济出版社，2021.1（2024.7重印）
"十二五"职业教育国家规划教材
ISBN 978-7-5095-9468-1

Ⅰ.①电… Ⅱ.①李… Ⅲ.①电子商务－中等专业学校－教材 Ⅳ.①F713.36

中国版本图书馆CIP数据核字（2019）第264332号

责任编辑：陈　冰　　　　　责任校对：李　丽
封面设计：育林华夏　　　　责任印制：张　健

电子商务基础（第二版）
DIANZI SHANGWU JICHU（DIERBAN）
中国财政经济出版社 出版
URL：http://www.cfeph.cn
E-mail：cfeph@cfeph.cn
（版权所有　翻印必究）
社址：北京市海淀区阜成路甲28号　邮政编码：100142
营销中心电话：010-88191522
天猫网店：中国财政经济出版社旗舰店
网址：https://zgczjjcbs.tmall.com
北京鑫海金澳胶印有限公司印刷　各地新华书店经销
成品尺寸：185mm×260mm　16开　11.5印张　275 000字
2021年2月第2版　2024年7月北京第8次印刷
定价：31.00元
ISBN 978-7-5095-9468-1
（图书出现印装问题，本社负责调换，电话：010-88190548）
本社质量投诉电话：010-88190744
打击盗版举报热线：010-88191661　QQ：2242791300

编写　说明

电子商务专业主要是培养与区域经济发展相适应，具有基本的科学文化素养、创新精神和社会责任感；具有良好的电子商务职业道德；具有基本的欣赏美和创造美的能力；具有较强的就业能力和一定的创业能力；掌握电子商务职业岗位必备的专业知识；能通过电子商务平台从事网络营销、网店编辑、客户服务等相关商务活动的高素质劳动者和技术技能型人才。

以习近平新时代中国特色社会主义思想为指导，全面贯彻党的十九大精神和全国教育大会精神，落实《国家职业教育改革实施方案》要求，把培育和践行社会主义核心价值观融入教育教学全过程，有机融入职业道德、劳动精神、工匠精神教育，培育学生职业精神；注重发挥校企双主体育人作用，引导企业参与专业、课程和教材改革，创新人才培养模式，依据教学内容、教学方法和教学手段的现状和趋势，在广泛调研和教学研究的基础上，我们精心组织编写了本教材。

本教材是针对目前中等职业学校电子商务专业教材中的"理论枯燥、实训不足"等现状，从"项目教学法"入手，以"任务驱动"为主要模式进行教学内容的整合和编写。每个项目由若干任务组成，每个任务包括"任务描述""任务目标""任务实施"和"课后提升"四部分；"任务实施"部分又包括"知识准备"和"教学活动"两部分，将知识点通过技能训练的方式加以练习和拓展。学生可以在实训练习中巩固所学知识点，教师从最有利于学生学习的角度来使用教材，发挥学生的主体作用，重视理论实践一体化教学，以能力发展和工作过程为导向创新教学模式，培养学生综合职业能力。

本教材的主要内容包括六大项目：走进电子商务、建设电子商务网站、了解网络营销、了解网上支付与安全、探究电子商务物流和认识电子商务客户服务。每个项目均以"任务驱动方式"展开阐述，以不同知识点的综合实例和项目为导向，循序渐进，由浅入深，从务实和应用入手，以点概面，将先进的教育教学理念融入教材，真正体现"做中教，做中学"。在文字方面，力求语言简洁明快、轻松活泼又不失其专业严谨性，体现网络时代的写作新风。同时，在教材编写过程中也考虑到电子商务专业发展速度问题，由于教材修订的速度远跟不上电子商务专业发展的脚步，因此我们在教材中采用了"二维码"技术，以期可以根据专业前沿信息及时快速地更新教学案例。

本教材是"十二五"职业教育国家规划教材，是电子商务专业的核心教材之一，也可以作为财经商贸类专业的公共基础课教材，供中等职业学校的电子商务、工商管理、物流管理、市场营销等专业选用。本教材也可以作为成人函授、自学考试或高职高专及各类社会培训班的教学用书，还可以供相关技术人员参考。

本书由锦州市现代服务学校李冰梅主编，并负责拟订教材大纲、组织编写，锦州市现代服务学校陈家思、代丽丽、廉玉昆、苏美、金蕊、裴磊老师，大连商业学校宋爱华、韩基龙老师，参加了教材的编写和修订工作。参加编写人员全部是中职学校电子商务专业一线教师，具有丰富的实战和教学经验，且大多数参加过国家、省市电子商务相关专业教学改革，取得了相应成果，并亲自参加过培训或指导学生参加全国、省、市电子商务技能大赛，取得了优异成绩。

本教材为用书学校任课老师提供了配套资源（包括课程标准、课程介绍、PPT、电子教案、习题库、教学案例），如有需要，请以电子邮件形式向中国财政经济出版社索取（请注明学校、全书名、版次），Email：caijingjiaocai@163.com。配套资源可登录以下网址下载：jiaocai.cfeph.cn。

编者们虽对本书的内容与结构精心设计和编写，但书中难免有疏漏和不妥之处，恳请广大读者批评指正。

最后，我们要感谢读者朋友对本书的支持，若您对本书有任何建议或疑问，请随时与我们联系。

编 者

2021 年 1 月

目 录

项目一 走进电子商务 ... 1

 任务一 认识电子商务 ... 1

 任务二 了解电子商务的分类与应用领域 ... 12

 任务三 比较电子商务交易模式 ... 22

 任务四 掌握电子商务业务流程 ... 31

项目二 建设电子商务网站 ... 40

 任务一 规划与设计电子商务网站 ... 40

 任务二 创建电子商务网站 ... 48

 任务三 网上商店的搭建和管理 ... 57

项目三 了解网络营销 ... 64

 任务一 理解网络营销的内涵 ... 64

 任务二 分析掌握网上市场调查技巧 ... 75

 任务三 应用网络营销策略 ... 83

	任务四 了解网络营销推广方法	94

项目四 了解网上支付与安全　　105

	任务一 了解网上支付与网上银行	105
	任务二 了解电子商务安全技术	117
	任务三 电子商务安全交易相关法律法规	128

项目五 探究电子商务物流　　134

	任务一 理解电子商务物流	134
	任务二 分析电子商务与物流的关系	141
	任务三 了解电子商务的物流模式	146

项目六 认识电子商务客户服务　　155

	任务一 理解电子商务客户服务的含义	155
	任务二 了解并模拟网上销售服务	164
	任务三 了解客户关系管理	169

主要参考文献　　175

项目一 走进电子商务

▸ 学习目标

☐ 能够理解电子商务的含义、运行环境和基本组成要素
☐ 熟练掌握电子商务的分类、交易模式和实现环节
☐ 能够熟练完成网上购物，通过电子商务各种交易模式的流程操作，体会电子商务各个角色岗位能力的需求

任务一 认识电子商务

🔍 任务描述

今天，当我们登录淘宝、访问亚马逊、利用百度搜索信息时，你是否已经感受到电子商务就在身边，已经融入我们生活的每一个角落？答案是肯定的。当网络界面一次次吸引我们的眼球时，当快递公司一次次送货上门时，你也许还没有意识到，你已经是网络经济大潮中的弄潮儿了。每次网购的体验都带给我们不同的感受，通过学习电子商务，我们还会体验网上开店和自主创业的乐趣，享受成功的喜悦，本任务就让我们首先来认识电子商务吧。

🔍 任务目标

本任务要求学生通过相关知识了解电子商务，领会其内涵与功能，并能够通过互联网平台真实体验网上交易平台的界面和特点，分析电子商务环境下的商务运作过程与优势。

任务实施

一、知识准备

（一）电子商务的概念

1. 电子商务的含义

近年来，人们虽然普遍关注并参与电子商务，但对于什么是电子商务并不十分清楚。有人认为，电子商务是从售前服务到售后服务的各个环节全部实现电子化和自动化；也有人认为，电子商务是一种在商业运作过程中实现无纸化、直接化的操作；更多的人认为，电子商务就是利用网络完成的购物活动……

"电子商务"一词源于 Electronic Business（或 E-Business），是指商务活动中的交易方，利用简捷、低成本的电子通信方式，不谋面地进行各种商业和贸易活动。"电子通信方式"仅仅是电子商务应用的手段和工具，"商务"才是它的本质和核心，电子商务是二者结合的产物。

2. 电子商务的产生与发展

早期电子商务系统主要是以电子数据交换（Electronic Data Interchange，EDI）来完成，建立在大量功能单一的不同软硬件设施基础上，因此使用价格极为昂贵，仅大型企业才能使用此技术。现在随着互联网技术的发展，电子商务真正的发展是建立在 Internet 技术基础上的。

> **相关链接**
>
> **电子商务从 EDI 到 Internet 的发展**
>
> 电子商务历史源远流长，自从出现了电子通信手段，电子商务活动就出现了。
> - 1839 年：利用电报进行商务活动，实现电话购物和信用卡支付（最初电子商务形式）。
> - 20 世纪 60 年代：利用电报报文发送商务文件。
> - 20 世纪 70 年代：利用传真机替代电报发送文件（数据重复录入量大）。
> - 20 世纪 70 年代末：企业间的电子数据交换 EDI（Electronic Data Interchange）和银行间的电子资金转账 EFT（Electronic Fund Transfer）的出现成为电子商务应用系统的雏形。
> - 20 世纪 90 年代初：基于互联网（Internet，又称因特网）的电子商务成为新的商务模式遍及全球。
>
> 资料来源：道客巴巴（http://www.doc88.com）。

（1）电子商务的产生。电子商务最早产生于 20 世纪 60 年代，发展于 20 世纪 90 年代，其产生和发展是以下几个条件共同作用的必然结果：
- 计算机的广泛应用——为电子商务的应用提供了基础。
- 网络的普及和成熟——互联网快捷、安全、低成本的特点为电子商务的发展提供了应用的条件。

● 信用卡的普及应用——形成了完善的全球性信用卡计算机网络支付与结算系统，也为电子商务网上支付提供了重要的手段。

● 安全电子交易协议的制定——国际《安全电子交易协议》的出台，为互联网电子商务的开发提供了关键的安全环境。

● 政府的支持与推动——电子商务受到各国政府的重视，为电子商务的发展提供了有力的外部支持。

（2）电子商务发展历程的两个阶段。

第一阶段：基于EDI的电子商务——20世纪60年代至90年代。

EDI在20世纪60年代末期产生于美国，当时的贸易商在使用计算机处理各类商务文件的时候发现，由人工输入到一台计算机的数据70%是来源于另一台计算机输出的文件，为了提高数据的准确性和工作效率，人们开始尝试在贸易伙伴之间的计算机上使数据自动交换，EDI应运而生。

EDI是将业务文件按一个公认的标准，从一台计算机传输到另一台计算机上的电子传输方法。由于EDI大大减少了纸张和票据的使用，因此，人们也称之为"无纸贸易"或"无纸交易"。

第二阶段：基于国际互联网的电子商务——20世纪90年代中期后。

由于使用EDI的费用很高，仅大型企业才能使用，限制了基于EDI的电子商务应用范围的扩大。20世纪90年代中期后，国际互联网（Internet）迅速普及，逐步从大学、科研机构走向企业和百姓家庭，其功能也已从信息共享演变为一种大众化的信息传播工具。从1991年起，一直被排斥在互联网之外的商业贸易活动正式进入这个王国，从而使电子商务成为互联网应用的最大热点。

> **相关链接**
>
> **全球电子商务发展趋势**
>
> ● 全渠道——无缝的用户体验
> ● 社交电商——汇合点
> ● 物联网——万物相连
> ● 区块链——专为电商设计
> ● 人工智能——"机器学习"
> ● 无人机——无人机速递
>
> 资料来源：亿邦动力（http：//www.ebrun.com）。

3. 电子商务的运行环境

我们所指的"电子商务"是在Internet网络上实现的，因此Internet网络是电子商务活动的基础构架。电子商务在运行过程中，除了Internet，还涉及另外两种网络模式，即：（1）Intranet（企业内部网），是利用互联网技术和协议，建立主要用于企业内部管理和通信的应用网络；（2）Extranet（企业外部网），各个企业之间遵循同样的协议和标准，建立起交换信息和数据的密切联系，从而大大提高社会协同生产能力和水平而构建的网络。

在电子商务活动中,参与交易的实体有四类:
- 客户——个人消费者或企业集团;
- 商家——包括销售商、制造商、物流商;
- 银行——包括发卡行、收单行;
- 认证中心(Certification Authority,CA)。

要实现完整的电子商务还会涉及很多方面,除了买卖双方,还要有银行或金融机构、第三方支付平台、认证中心、物流中心、工商/海关/税务等政府机构、网络公司、信息公司等机构的加入才行。由于参与电子商务中的各方借助虚拟网络而互不谋面,因此整个电子商务过程并不是传统商务活动的翻版,网上银行、在线电子支付等条件和数据加密、电子签名等安全技术在电子商务中发挥着重要的、不可或缺的作用。

在电子商务活动中,产品信息的发布与接受订单是通过网上站点完成的,这样的站点被称为"电子商场";为了实现网上支付,需要建立网上银行(E-Bank),可与信用卡公司合作发放电子钱包,以使普通用户在世界上任何地方、任何时间能够方便地查看和管理自己的账户;为保证网上交易各方身份的真实无误、交易过程的确认,而与买卖双方均无关的第三方实体组成的权威机构称为"认证中心";负责接受商家的送货请求,组织运送商品的物流组织称为"物流中心"。电子商务的运行环境如图1-1所示。

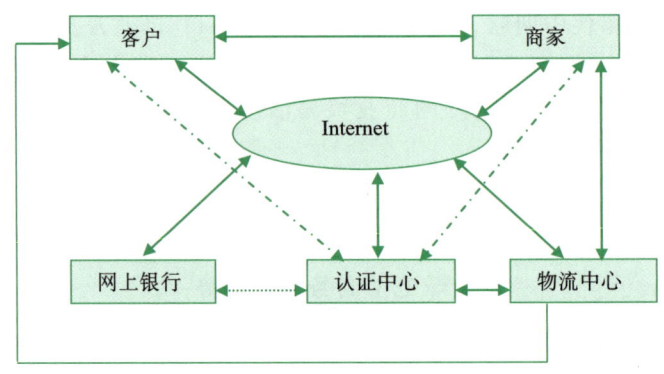

图1-1 电子商务的运行环境

4. 电子商务的概念模型

电子商务的概念模型(见图1-2)是对现实世界中电子商务活动的一般抽象描述,它是由电子商务实体、电子市场、交易事务和信息流、商流、资金流、物流等基本要素组成的。

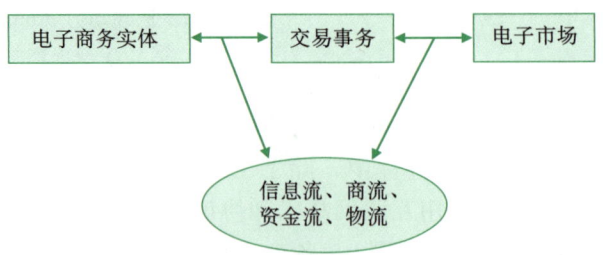

图1-2 电子商务的概念模型

（1）电子商务实体。是指能够从事电子商务的客观对象，如企业、银行、第三方支付平台、商店、认证中心、政府机构、科研教育机构和个人等。

（2）电子市场。是指电子商务实体从事商品和服务交换的场所，它由各种各样的商务活动参与者利用各种接入设备（计算机、个人通信装置等）和网络连成一个统一的经济整体。

（3）交易事务。是指电子商务实体之间所从事的具体的商务活动的内容，例如询价、报价、转账支付、广告宣传、商品运输等。

（4）业务"流"。电子商务中的任何一笔交易都包含四种基本的业务"流"，即信息流、商流、资金流、物流。

- **信息流**是服务于商流和物流所进行的信息活动的总称，既包括商品信息的提供、促销行销、技术支持、售后服务等内容，也包括诸如询价单、报价单、付款通知单、转账通知单等商业贸易单证，还包括交易双方的支付能力、支付信誉、中介信誉等。
- **商流**是指商品在购、销之间进行交易和商品所有权转移的运动过程。具体指商品交易的一系列活动，包括交易前的商品宣传、用户选择及双方的谈判磋商，交易中的规则确认（合同）及订货、发货过程，交易后的服务行为等，涉及商检、税务、海关、运输等各行业。
- **资金流**主要是指资金的转移过程，包括付款、转账、兑换等过程。它始于消费者，终于商家，转移过程需要经过银行等金融部门的处理。
- **物流**作为电子商务业务流中最为特殊的一种，它是指物质实体（商品和服务）的流动过程，具体来说是指包装、运输、储存、装卸搬运、流通加工、配送、物流信息等各种活动。对于少数商品和服务来说，可以直接通过网络传输的方式进行配送，如各种电子出版物、信息咨询服务、商品软件等无形商品；而对于大多数有形的商品和服务来说，物流仍然要经过物理方式传输。

在电子商务概念模型的建立过程中，强调信息流、商流、资金流和物流的整合。其中，信息流最为重要，它在一个更高的层面实现对流通过程的监控和处理。

（二）传统商务与电子商务的联系与区别

传统商务是在计算机和网络出现之前的一切商业行为，而电子商务是依靠互联网以及计算机软硬件技术来进行的不脱离网络的商业行为，比较主流的是 B2B、B2C、C2C。现在的阿里巴巴、淘宝网、亚马逊等都是这种经营模式。

相关链接

电子商务模式

B2B——Business to Business：企业对企业的电子商务模式；

B2C——Business to Consumer：企业对个人消费者的电子商务模式；

C2C——Consumer to Consumer：个人消费者对个人消费者的电子商务模式；

O2O——Online to Offline：线上线下结合的电子商务模式。

由于英文中的 2（two）与 to 发音相同，所以简写为 B2B、B2C、C2C、O2O。

资料来源：百度知道（http://www.baidu.com）。

1. 传统商务与电子商务运作过程的比较

传统商务与电子商务运作过程的比较见表1-1。

表1-1　　　　　　　　　　传统商务与电子商务运作过程的比较

商务形式 比较项目	传统商务	电子商务
交易前的准备	• 通过传统媒体，如报纸、电视、广播、户外传播等各种广告形式宣传自己的商品信息 • 商品信息发布、查询和匹配的过程	交易供需信息的发布与获取都是通过互联网主页和交易双方的网址来完成的
贸易磋商过程	• 贸易双方进行口头磋商或纸面贸易单证的传递过程 • 常用工具有电话、传真或邮寄	贸易磋商过程是将纸面单证在网络系统支持下变成了电子化的记录、报文和业务文件在网络上的传递过程
合同与执行	贸易磋商过程经常通过口头协议来完成，但在磋商过程结束后，交易双方必须以书面形式签订具有法律效力的商贸合同	网络协议和电子商务应用系统的功能保证了交易双方所有的贸易磋商文件的正确性和可靠性
支付过程	一般包括支票（企业间贸易）和现金（企业零售）两种方式	资金的支付主要采用信用卡、电子支票、电子现金和电子钱包等电子支付工具，以网上在线支付的方式进行
交易特点	交易活动过程要消耗一定的人力、物力、时间和资金，交易环节多，费用高，交易环境是面对面的商务谈判	交易活动过程可以通过网站实现多个商家的查询，省时、省力、省钱，交易环节少，费用较低，交易环境是双方不谋面的网上虚拟环境谈判

2. 电子商务的功能

电子商务可提供网上交易和管理等全过程的服务，因此具有广告宣传、咨询洽谈、网上订购、网上支付、电子账户、服务传递、意见征询、交易管理等各项功能。

(1) 广告宣传。电子商务可凭借企业的 Web 服务器和客户的浏览器，在 Internet 上发布各类商业信息。客户可借助网上的检索工具（Search），迅速找到所需的商品信息，而商家可利用网上主页（Home Page）和电子邮件（Email），在全球范围内进行广告宣传。与以往的各类广告相比，网络广告的成本最为低廉，而为顾客提供的信息量却最为丰富。

(2) 咨询洽谈。电子商务可借助非实时的电子邮件（Email）、新闻组（News Group）和实时的讨论组（Chat）来了解市场和商品信息、洽谈交易事务，如有进一步的需求，还可用网上的白板会议（Blackboard Conference）来交流即时的图形信息。网上的咨询和洽谈能够超越人们面对面洽谈的约束和限制，提供多种方便的异地交流形式。

(3) 网上订购。电子商务可借助 Web 中的邮件交互传送实现网上订购。网上订购通常都是在产品介绍的页面上，提供十分友好的订购提示信息和交互格式框。当客户填完订购单后，通常系统会回复确认信息单来保证订购信息的收悉。订购信息也可采用加密的方式使客户和商家的商业信息不被泄漏。利用网上订购，可以实现企业销售活动的跟踪，使经营管理活动更加有效快捷。

（4）网上支付。电子商务要成为一个完整的过程，网上支付是重要的环节。客户和商家之间可采用智能卡、电子资金转账、信用卡账号、电子现金、电子钱包以及电子支票等进行支付。在网上直接采用电子支付手段可以减少环节，加速交易过程，但网上支付需要更为可靠的信息传输安全性控制，以防止欺骗、窃听、冒用和否认等非法行为。安全问题直接关系到电子商务的长远发展。

（5）电子账户。网上支付必须要有电子金融来支持，即银行或信用卡公司及保险公司等金融单位要为电子商务提供网上金融服务，而电子账户管理是网上金融管理最基本的组成部分。信用卡号或银行账号都是电子账户的一种标志，而其安全性和可信度需要配以必要的技术措施来保证，如数字证书、数字签名、加密等手段的应用为电子账户操作的安全性提供了保障。

（6）服务传递。商家会将客户订购的货物尽快传递到其手中。针对有形的货物，商家可以利用电子邮件等服务，在网络中进行物流的调配，客户可以通过网络及时了解自己所购商品的物流信息情况及到达时间；而软件、电子读物、信息服务等无形的信息产品，能够直接从电子仓库中通过网络发送到客户端。

（7）意见征询。电子商务能够方便地采用网页上的"选择""填空"等格式文件，来收集用户对销售服务的反馈意见，商家可以提供产品和服务的细节以及产品使用技术指南，征询和回答客户意见，了解市场和反馈信息，促进沟通与交流。

（8）交易管理。交易管理涉及人、财、物多个方面，包括企业和企业、企业和客户及企业内部等各方面的协调和管理。因此，交易管理是涉及商务活动全过程的管理。

电子商务的发展，将会提供一个良好的交易管理的网络环境及多种多样的应用服务系统，如信息技术、个人通信系统、电子数据交换、电子资金转账、多媒体技术、信用卡业务、安全认证等，这样才能保障电子商务获得更为广泛和完善的应用。

3. 电子商务的优势

（1）电子商务将传统的交易流程电子化、数据化，大大减少了人力、物力，降低了交易成本。

（2）电子商务突破了时间和空间的限制，使得交易活动可以在任何时间、任何地点进行。

（3）电子商务具有开放性、全球性的特点，为交易双方创造了更多的交易机会。

（4）电子商务提供了丰富的信息资源，使得交易行为更加公平、透明。

（5）电子商务具有良好的互动性。通过互联网，商家可以直接与消费者交流，消费者也可以把自己的想法及时反馈给商家，而商家可以根据消费者的反馈及时改进、提高产品或服务质量。

二、教学活动

（一）活动内容

借助互联网平台，浏览电子商务网站。以购买一本专业参考书为例，对比分析传统书店购买与网上购买流程的差异，明确传统商务与电子商务的区别，通过实践活动感受电子商务的真正内涵。

（二）活动要求

（1）学生两人一组，首先为自己注册一个常用的邮箱，并在相应的网站上注册成为会员，开通网上银行。

（2）每组完成注册后，开始进行网上购书活动，并将网购流程与传统购买流程进行比较分析，以书面文档的形式发送至教师邮箱，小组之间要进行沟通与评价。

（3）实训时间：2课时。

（三）操作步骤

第一步，注册一个免费邮箱。

> **提示：** 有些网站暂不支持QQ信箱，邮箱注册时填写的校验码务必在英文状态或半角模式下输入，否则系统将会提示校验码出错。此时，网站将发送一封确认信到所填写的电子邮箱中，以便激活账号。

第二步，会员注册：在电子商务网站免费注册成为会员。填写会员注册信息，注册成功就可以进行网上购书。

第三步，开通网银：到银行柜台开通网银业务。

第四步，网上购书：浏览网上书店，搜索所需要的专业参考书类别或名称，在信息列表中选中所要购买的图书，放入购物车，确认订单信息并提交，确认支付后等待收货。商家发货后，要及时查询物流状态，收货检验无误后进行收货确认。

第五步，分析网上购书与传统书店购书的区别，参照表1-2填写电子商务与传统商务的交易流程分析表，标明详细信息。

（四）成果展示（见表1-2）

表1-2　　　　　　　　电子商务与传统商务的交易流程分析表

交易流程	电子商务	传统商务
购书前准备	• 注册邮箱 • 注册会员 • 开通网银	• 联系方式 • 书店会员卡 • 钱包（现金或银行卡）
选购图书	• 网站搜索、选购图书并放入购物车 • 确认购买信息，提交订单——订单号	• 挑选图书 • 决定购买
支付书费	• 网上银行付款	• 收银台结账
购书结束	• 等待卖家发货 • 查询物流配送情况 • 收到图书，确认收货	• 自提图书
评　价	• 双方互评	—

（五）拓展训练

（1）请在互联网上搜索并浏览以下知名网站，并分析这些网站有何不同之处。

①拍拍网（http：//www.paipai.com）；
②京东商城（http：//www.360buy.com）；
③海尔网站（http：//www.haier.com）；
④上海杨浦区政府采购网（http：//www.procure.gov.cn）。

（2）请同学们在模拟平台上，练习完成电子邮件注册、个人电子银行注册及C2C拍卖中心、B2C商城的会员注册。

（3）请同学们尝试用手机完成一次网上订购手机铃声的活动，体验移动电子商务的特点，并总结在交易中需要注意的事项，分组进行交流。

> **课后提升**
>
> **移动电子商务的发展**
>
> 移动电子商务就是利用手机、PDA及掌上计算机等无线终端进行的B2B、B2C或C2C的电子商务。它将互联网、移动通信技术、短距离通信技术及其他信息处理技术完美地结合，使人们可以在任何时间、任何地点进行各种商贸活动，实现随时随地、线上线下的购物与交易、在线电子支付以及各种交易活动、商务活动、金融活动和相关的综合服务活动等。
>
> 随着无线网络技术、移动通信技术和计算机应用技术的不断发展，移动电子商务经历的发展历程如下图所示。
>
>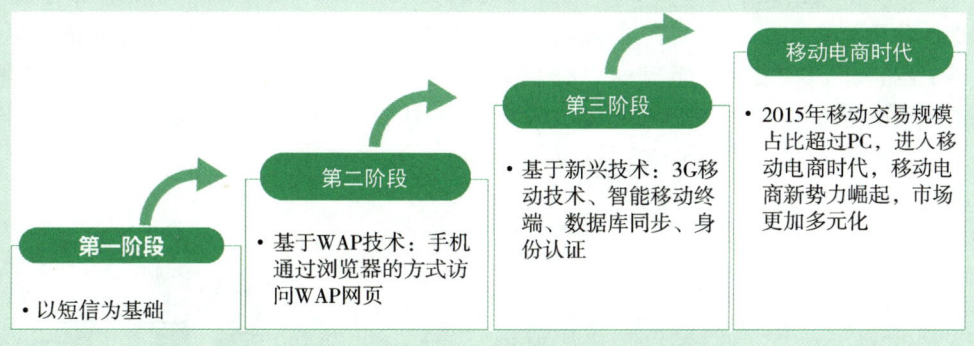
>
> 中国移动电子商务发展历程
>
> 2013—2014年，随着移动互联网的发展和智能手机的普及，移动电商进入风口期，新一轮移动端网民红利带动许多新兴移动电商发展。2015年移动交易规模占比超过PC端，标志着移动电商时代正式到来。
>
> 近年来，移动端交易规模占比持续扩大，移动端成流量主来源，如下图所示，2017年第三季度中国移动网购在整体网络购物交易规模中占比达到81.4%，移动网购已成为最主流的网购方式。与此同时，2017年，中国网络购物市场前十位企业移动端用户增速远超PC端，App端用户增速达27.1%，PC端仅增长9.6%。用户消费习惯的转移、各企业持续发力移动端，是移动端不断渗透的主要原因。

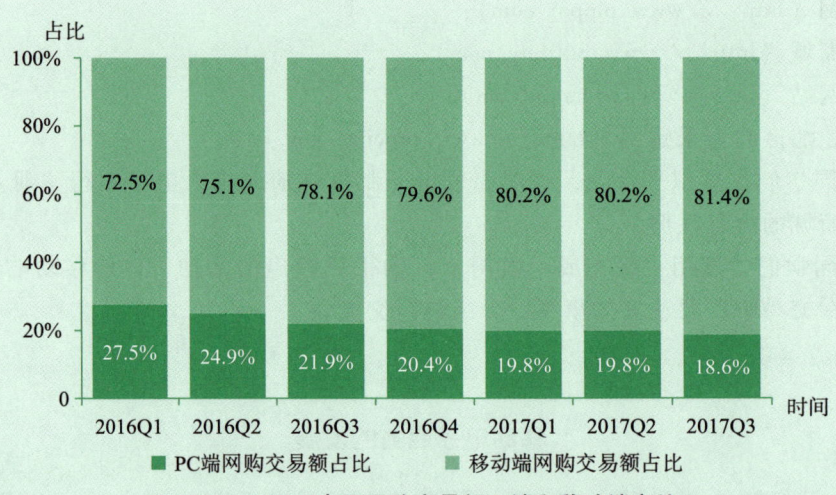

2016Q1—2017Q3中国网购交易额PC端和移动端占比

资料来源：艾瑞咨询研究院。

中国电子商务发展的趋势分析

趋势一：移动购物成为主流

截至 2020 年 3 月，我国网民规模达 9.04 亿人，网民中使用手机上网人群的占比由 2016 年的 95.1% 提升至 99.3%，手机上网比例持续提升，也就是说电子商务未来的主战场是在移动设备上。移动端用户的主要特点包括：购买的频次更高、更零碎，购买的高峰不是在白天，是在晚上和周末、节假日。要做好移动购物，不能简简单单地把 PC 电子商务搬到移动设备上来，而是要充分利用移动设备的特征。例如，它的扫描特征、图像、语音识别特征、感应特征、地理化、GPS 的特征等，这些功能可以真正地把移动购物带到千家万户。

中国手机网民规模及其占网民比例

趋势二：电子商务运营日趋规范化

电子商务的快速发展推动了电商立法进程的加快。经过多年的市场培育和中国电子商务监管的不断完善，电商企业和消费者也日趋成熟，未来中国电子商务运营将日趋规范化。2012年以来我国逐步出台了网络交易系列规章来规范电子商务市场，包括《网络零售管理条例》和《关于保护网上商业数据的指导办法》《网上交易小额争端解决办法》等，从市场准入、信用体系建设、消费维权、案件管辖、网上知识产权保护、新兴业态、跨境交易、网络不正当行为、秒杀等九大方面的网络新兴行为对电子商务进行监管。

趋势三：电子商务逐步向三、四线城市渗透

随着一、二线城市的网购渗透率接近饱和，电商城镇化布局将成为电商企业发展的重点，三、四线城市及乡镇等地区将成为电商"渠道下沉"的主战场，同时电商在三、四线欠发达地区可以更好地发挥其优势，缩小三、四线城市、乡镇与一、二线城市的消费差别。

趋势四：产业融合成为电子商务发展新方向

随着电子商务迅猛发展，越来越多的传统产业涉足电子商务。例如，农业应用电子商务探索农产品信息追溯；制造业开展供应链信息化提升；线上营销、线下成交或线下体验、线上购买的商业模式更是推动了传统商业与电子商务的融合发展。随着一批龙头电子商务平台企业做大、做强、做长，电子商务深度融合商流、物流、资金流和人流，有效地把商业渠道、物流渠道以及信息渠道进行捆绑，电子商务服务业的健康有序发展成为决定电子商务成败的关键所在。

美团网在2017年上线了打车业务，又在2018年4月3日以37亿美元的作价全资收购了摩拜。作为国内成立最早、综合实力最强的团购网站，美团网从团购到打车业务再到共享单车，是产业融合的最好体现。

近年来涌现出的O2O模式已在餐饮、娱乐、百货等传统行业得到广泛应用。O2O模式是一个"闭环"，电商可以全程跟踪用户的每一笔交易和满意程度，即时分析数据，快速调整营销策略。也就是说，互联网渠道不是和线下隔离的销售渠道，而是一个可以和线下无缝链接并能促进线下发展的渠道。今后线上与线下将实现进一步融合，各个产业通过电子商务实现有形市场与无形市场的有效对接，企业逐步实现线上、线下复合业态经营。

巩固提高

一、填空题

1. 电子商务是指商务活动中的交易方，利用简捷、低成本的电子通信方式，买卖双方（　　　　）地进行各种商业和贸易活动。

2. EDI 是将业务文件按一个公认的标准从一台计算机传输到另一台计算机上的电子传输方法。由于 EDI 大大减少了纸张和票据的使用，因此，人们也称之为（　　　　）。
3. 电子商务活动的基础构架是（　　　　）网络。
4. 电子商务中的任何一笔交易都包含信息流、商流、（　　　　）和物流。

二、简答题

1. 简述电子商务产生的条件。
2. 简述电子商务的概念模型。
3. 简述电子商务与传统商务的区别。
4. 简述电子商务的功能。

任务二
了解电子商务的分类与应用领域

任务描述

电子商务涵盖了电子通信技术与商务领域的各个层面，范围界定宽泛，因此理解的角度也有所不同。要从全方位的角度来认识电子商务，就要分析其类型，了解其应用，从电子政务、电子医务、电子教务，到农业、旅游、餐饮等电子商务形式，其范围之广、应用之全、维度之宽，都是传统商务所无法企及的。

任务目标

本任务要求学生掌握电子商务的主要类型及其内容，多视角地了解电子商务在制造业、商品流通业、金融业、服务业等领域的应用情况，能够结合不同类型的网站分析电子商务各个层面的内涵，达到学以致用的教学目标。

任务实施

一、知识准备

（一）电子商务的类型

电子商务的应用范围广泛，从不同的角度可以将电子商务划分为不同的类型。

1. 按照内涵范围分类

从商业活动的角度分析，电子商务可以在多个环节实现，因此电子商务也有狭义与广义之分。

(1) 狭义电子商务（E-Commerce，EC）。主要指电子交易，即利用 Web 提供的通信手段在网上进行交易活动，包括买卖产品和提供服务，其主要功能包括网上广告、信息服务、网上订货、在线付款、客户服务和货物传递等售前、售中、售后服务以及电子商情、电子合同等。

(2) 广义电子商务（E-Business，EB）。主要指网络管理，除了利用网络完成交易活动外，还包括企业内部商务活动（ERP、CRM 等），如生产、管理、财务以及企业间的商务活动等。它不仅仅是硬件和软件的结合，更是把买家、卖家、厂家和合作伙伴在 Internet、Intranet 和 Extranet 上利用 Internet 技术与现有的系统结合起来进行的业务活动。

2. 按照商务活动内容分类

电子商务按照商务活动的内容分类，主要包括两类商业活动：间接电子商务和直接电子商务。

(1) 间接电子商务。指有形产品的电子订货，如书籍、食品、服装、汽车等，交易的商品需要通过传统的渠道（如邮政服务和商业快递等）来完成送货。

(2) 直接电子商务。指无形产品和服务的电子订货，如计算机软件、在线娱乐项目、电子报刊、网上支付，以及全球规模的信息服务等，都可以通过网络直接完成交付，而不需要借助辅助配送系统就可以完成。

【网址链接】全国铁路客户服务中心（http://www.12306.cn）。

3. 按照交易对象分类

电子商务通常是在三类群体之间进行，即企业、个人消费者和政府管理部门。三者之间的关系如图 1-3 所示。

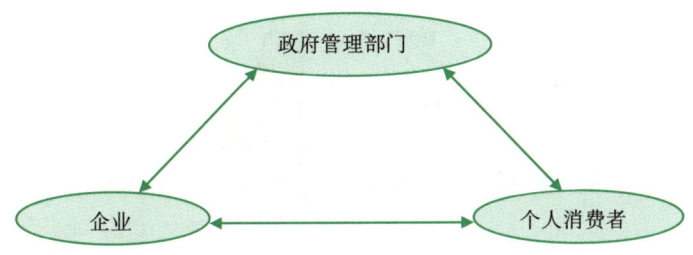

图 1-3　电子商务中各群体之间的关系

电子商务按照信息在上述三类群体之间的流向划分，主要包括以下五种类型：B2B、B2C、B2G、C2G、C2C。

(1) 企业—企业间电子商务（Business to Business，B2B）。B2B 指的是企业与企业之间进行的电子商务活动，是电子商务应用中最重要和最受企业重视的模式。企业可以利用 Internet 或者 EDI 网络寻找每笔交易的最佳合作伙伴，完成从订购到结算的全部交易行为，包括向供应商订货、签约、接收发票和使用电子资金转移、银行托收、信用证等方式进行付款，以及在商贸活动中发生的其他问题，如索赔、商品配送管理和运输跟踪等，从而使交易全过程实现电子化和无纸化。

尤其是通过专用网络或增值网进行的 EDI，它是这类电子商务产生和发展的基础和前身，目前 EDI 在行业内部开展得较为成功。虽然 B2B 所涉金额较大，所需要的各种软硬件环境复杂，但从未来发展趋势看，B2B 仍将是电子商务的主流。典型代表有阿里巴巴、慧聪网等。

（2）企业—个人消费者间电子商务（Business to Consumer，B2C）。B2C 指的是企业与个人消费者之间进行的电子商务活动，这类电子商务实际上是电子化的在线零售商务，是消费者利用 Internet 直接参与经济活动的形式。随着近几年 Internet 的飞速发展，这类电子商务的发展异军突起，已经极具规模。目前，在 Internet 上有数不胜数的各类大型虚拟商场和企业，提供各种与商品销售有关的服务，从食品、书籍、鲜花、服装、家电、汽车等实体商品到数字化的新闻、音乐、电影、数据库、软件及各类基于知识的商品，再到旅游、在线医疗诊断和远程教育等各类服务，一应俱全。B2C 电子商务的迅速发展，也是其他类型电子商务活动发展的主要推动力。典型代表有当当、亚马逊等。

（3）企业—政府管理部门间电子商务（Business to Government，B2G）。B2G 指的是企业与政府管理部门之间各类信息的电子化交换，覆盖企业与政府间的各项事务。例如，企业与政府之间进行的各种手续的报批，政府通过 Internet 发布采购清单，以竞价方式进行招标，企业以电子化方式进行投标；政府在网上以电子交换方式完成对企业电子交易的征税及退税工作，这也成为政府机关政务公开的手段和方法；政府也可以通过这类电子商务实施对企业的行政事务管理，如政府以电子商务方式发放进出口许可证、开展统计工作等。目前这类电子商务发展迅速，已经普及到各级政府管理部门，政府可以通过这种方式树立政府形象，产生示范作用，促进电子商务的发展。

相关链接

B2G 企业管家

易商旅"企业差旅管理"是以企事业或政府部门为服务对象，通过提供专业的咨询意见，共同改进企业的差旅活动，对企业进行整体考察分析并且通过利用自身所拥有的资源，使企业差旅成本最小，流程实现对差旅成本的控制，并提供全程的管理咨询服务。

资料来源：百度（http：//www.baidu.com）。

（4）个人消费者—政府管理部门间电子商务（Consumer to Government，C2G）。C2G 指的是个人消费者与政府管理部门间各类信息的电子化交换。这类电子商务目前还没有普及。然而随着 B2C、B2G 电子商务的发展，政府管理部门将会对个人消费者实施完善的电子化的商务服务，如社会福利金的支付、个人所得税的征收等。

（5）个人消费者—个人消费者间电子商务（Consumer to Consumer，C2C）。C2C 指的是个人消费者之间在网站上完成的商品交易活动，利用在线交易平台，卖方可发布产品的销售信息，提供商品进行网上售卖，买方则可根据自己的需要购买商品。典型的网站如淘宝。

> **相关链接**
>
> ### C2C 的新形式——网购导购
>
> C2C 导购行业很早以前就诞生了,但并没有人将其称为 C2C,此概念首先由"如此 98 网"提出。目前网购导购业已经成为 C2C 行业的入口,通过导购类网站进入 C2C 类(如淘宝网等)购物网站已经占据了很大的市场份额。
>
> 资料来源:百度(http://www.baidu.com)。

4. 按照使用的网络类型分类

电子商务按照使用的网络类型分类,主要包括三种形式:基于 EDI 网络的电子商务、基于 Internet 网络的电子商务和基于 Intranet 网络的电子商务。

(1) 基于 EDI 网络的电子商务。就是利用 EDI 网络进行电子交易。简单地说,EDI 就是按照商定的协议,将商业文件标准化和格式化,并通过计算机网络,在贸易伙伴的计算机网络系统之间进行数据交换和自动处理。采用这种网络的电子商务主要应用于企业与企业之间、企业与批发商、批发商与零售商之间的批发业务。相对于传统的订货和付款方式,EDI 大大节约了时间和费用,并较好地解决了安全保障问题。

(2) 基于 Internet 网络的电子商务。就是利用 Internet 网络进行电子交易。Internet 是一种采用 TCP/IP 协议组织起来的国际互联网络。这种网络的电子商务是目前国际商业的最新形式,它以计算机、通信、多媒体、数据库技术为基础,通过互联网络,在网上实现营销、购物服务等,突破了传统商业生产、批发、零售及进、销、存、调的流转程序与营销模式,从而实现了社会资源的高效运转和最大节余,消费者可不受时空限制,广泛浏览、理智选择,力求以最低的价格获得最为满意的商品和服务。

(3) 基于 Intranet 网络的电子商务。就是利用 Intranet 网络进行电子交易。Intranet 是利用 Internet 技术发展起来的企业内部网,是在原有局域网上附加一些特定的软件,将局域网与互联网连接起来,从而形成企业内部的虚拟网络。Intranet 网络受到防火墙的保护,仅允许内部、外部人员授权使用其中的信息。企业内部各部门之间的商务活动多采用 Intranet 进行。

5. 按照商务活动的地理范围分类

电子商务按照商务活动的地理范围分类,主要包括三类商业活动:本地电子商务、远程电子商务和全球电子商务。

(1) 本地电子商务。通常是指在本地区(如一个城市)范围内利用信息网络进行的电子商务活动。电子交易范围较小,交易系统是利用 Internet、Intranet 或专用网络技术将交易各方的电子商务、银行等金融机构、保险公司、商检部门、本地区的 EDI 中心等信息系统联系在一起的网络。

本地电子商务系统是基础系统,它是开展国内电子商务和全球电子商务的基础和关键。

(2) 远程电子商务。是指跨地区进行的电子商务活动,需要有远程通信设备的支持。这类电子商务交易的地域范围较大,对软硬件的技术要求较高,要求在全国范围内实现商业电子化、自动化,实现金融电子化,交易各方需要具备一定的电子商务应用能力、经济和技术能力，并具有一定的管理水平，实现难度相对较大。

（3）全球电子商务。是指在全球范围内进行的电子商务活动，交易各方通过互联网实现各类交易活动。它涉及交易各方的相关系统，如买卖双方国家进出口公司、海关、税务、保险、银行和其他金融部门等系统。这种电子商务涉及的环节更多，难度更大，数据来往频繁，要求电子商务系统更严格，准确性、安全性和可靠性更高。全球电子商务要得到顺利发展，就必须制定出全球统一的电子商务标准和协议。

（二）电子商务在不同领域的应用

Internet的普及和推广极大地改变了人们的生活，同时也促进了电子商务的飞速发展。电子商务的应用已经渗透到社会经济、生产、生活的各个领域，覆盖了制造业、流通业、银行业、信息服务业、证券业、保险业、电信业、交通业、国际贸易、农业、医药业、新闻业、教育业及政府机构等各个方面。

1. 电子商务在制造业的应用

制造业实现电子商务化的目的是，可以将企业商务活动的全部过程实现一体化的网络信息传输和信息处理，从而降低成本，提高生产和管理效率，以使企业的利益最大化。具体而言，电子商务的发展，使制造业企业全部业务活动实现了自动化、电子化、数字化和网络化，为完成工业企业的各种商务活动、相关生产、经营管理和综合服务奠定了基础。

> **相关链接**
>
> 目前，发达国家的大型制造企业普遍建立起以计算机网络为纽带和依托的五大系统：
> - 管理信息系统（MIS）；
> - 计算机辅助设计系统（CAD）；
> - 计算机辅助制造系统（CAM）；
> - 智能仓库系统（IWS）；
> - 电子订单处理系统（EOS）。
>
> 资料来源：百度（http://www.baidu.com）。

【网址链接】中国建材网（http://www.bmlink.com）。

2. 电子商务在流通业的应用

在电子商务的发展中，流通领域的应用具有先导性。流通领域电子商务的发展，不仅有助于流通产业自身的技术创新与发展，而且能够加快电子商务向经济生活领域的渗透和扩散，促进电子商务的发展进程。电子商务实现了整个贸易活动的电子化，是一种全新的贸易形式和手段，对流通领域有着直接的影响，作为网络技术的应用成果，互联网本身所具有的开放性、全球化、低成本、高效率等特点，已成为电子商务的内在特征。

【网址链接】流通领域最专业的电子商务平台——供应宝（http://www.gybao.com/）。

3. 电子商务在金融业的应用

（1）银行业。随着电子商务的发展，越来越多的人开通网银，开始在网上办理银行业务。与此同时，各家银行也纷纷推出和优化自己的网上银行业务，使客户通过登录网上银行便可足不出户地享受到方便快捷的查询、转账、汇款、缴费、理财等服务。

网上银行业务的应用主要包括电子货币、居家银行服务、储蓄卡服务、售货点无人柜台服务、支付清算系统服务、综合授权交换系统服务、电子金融交易系统服务等。

【网址链接】中国建设银行（http：//www.ccb.com），中国工商银行（http：//www.icbc.com.cn），招商银行（http：//www.cmbchina.com）。

___相关链接___

网上银行的有关数据

根据 Analysys 易观产业数据库发布的"中国网上银行市场季度检测报告 2018 年第三季度"数据显示，2018 年第三季度中国网上银行客户交易规模达到 488.2 万亿元，环比增长 2%。2018 年个人网银用户比例为 53%，其中一线城市网银用户比例最高，达 62%，二线、三线城市分别为 53% 和 49%。越来越多的网民开始使用网上银行的各种业务。同时，银行网站向用户提供的服务项目也越来越多。

资料来源：百度（http：//www.baidu.com）。

（2）证券业。证券电子商务就是指证券行业以互联网为媒介，为客户提供一种全新的商业服务，它是一种信息无偿、交易有偿的网络服务。目前普遍认同的证券电子商务主要还是指网上的证券交易，另外能够实现的还有证券行业产品的销售。但实际上能够通过互联网提供的证券电子商务还应该包括：有偿资讯、网上投资顾问、股票网上发行与推广等多种服务；上市公司的网上推介、网上发行；提供外汇、期货等方面的辅助投资服务等。

【网址链接】华泰证券（http：//www.htsc.com.cn）。

（3）保险业。保险电子商务具有虚拟化、直接化、电子化和时效性等特点，是指保险公司或新型的网上保险中介机构通过互联网为客户提供有关保险产品和服务的信息，并实现网上投保、承保等保险业务，直接完成保险产品的销售和服务。

【网址链接】中国平安保险股份有限公司（http：//www.pingan.com）；中国人寿保险股份有限公司（http：//www.e-chinalife.com）。

4. 电子商务在服务业的应用

（1）广告业。互联网的迅速发展，为广告业提供了潜力巨大的发展空间。网络广告以无法比拟的优越性抢占了广告市场，其优越性主要体现在以下几个方面：

- 覆盖面广，受众数目庞大；
- 不受时间限制，广告效果持久；

- 方式灵活，互动性强；
- 可以分类检索，广告针对性强；
- 制作简便，广告费用低。

【网址链接】中华广告（http：//www.a.com.cn）；EndQ广告百科（http：//www.endq.com）；中国广告知道（http：//www.yxad.cn）。

（2）旅游业。旅游电子商务，是指通过先进的网络信息技术手段实现旅游商务活动各环节的电子化，包括通过网络发布、交流旅游基本信息和旅游商务信息，以电子手段进行旅游宣传促销、开展旅游售前售后服务。

目前，电子商务在旅游业中的应用主要包括：
- 信息查询服务；
- 在线预订服务；
- 客户服务；
- 代理人服务。

【网址链接】途牛（http：//www.tuniu.com）；携程旅行（http：//www.ctrip.com）；去哪儿（http：//www.qunar.com）。

（3）餐饮业。餐饮业电子商务，包括通过网络发布、交流餐饮基本信息和餐饮商务信息，以电子手段进行餐饮宣传促销、开展餐饮售前售后服务；进行电子餐饮交易；也包括餐饮企业内部流程的电子化及管理信息系统的应用等。

【网址链接】中国餐饮（http：//www.canyin.com）；北京好伦哥餐饮有限公司（http：//www.origus.com）；咕嘟妈咪（http：//www.gudumami.cn）。

5. 电子政务的应用

信息技术的飞速发展，引发了一场深刻的生产和生活方式变革，极大地推动着经济和社会的发展。作为信息高速公路五个应用领域中的首要应用，电子政务在全球范围内受到广泛的重视，可以说政府信息化是经济和社会信息化的前提，电子政务是未来国家核心竞争力的重点要素之一。

电子政务是指政府机构利用信息化手段，实现各类政府职能。其核心是应用信息技术提高政府事务处理的信息流效率，改善政府组织和公共管理。电子政务主要包括三个应用领域：

（1）政务信息查询。面向社会公众和企业组织，为其提供政策、法规、条例和流程的查询服务。

（2）公共政务办公。借助互联网实现政府机构的对外办公，如申请、申报等，提高政府工作效率，增加透明度。

（3）政府办公自动化。以信息化手段提高政府机构内部办公的效率，如公文报送、信息通知和查询等。

【网址链接】中国电子政务网（http：//www.e-gov.org.cn）；杭州旅游电子政务网（http：//www.gotohz.gov.cn）。

二、教学活动

（一）活动内容

通过互联网平台，了解电子商务在不同领域的应用，在不同的网站上完成以下实训活动：

（1）在某旅游网站上订购一条旅游路线，记录详细的旅游信息，为出行做好准备。

（2）搜索一个经典的网络广告，并与传统广告相比较，分析其优势和特点。

（3）在网上订一份4人的午餐，分析其与网上购书流程的异同之处。

（二）活动要求

（1）要求学生4人一组，小组分工合作完成上述活动内容。

（2）完成网上订购后，请每个小组提交一份关于每个活动的订购流程，并记录网络广告的优势和特点，以及网上订餐与网上订书的分析结果。

（3）实训时间：2课时。

（三）操作步骤

（1）在某旅游网站注册并登录，查询旅游目的地，浏览旅游产品信息及价位，记录详细的旅游行程和出行须知，经过比较分析确定一条旅游线路。在"开始预订"前，要与"在线客服"进行沟通，明确各项事宜后选择订购，核对订单信息后，进行在线支付（可根据实际情况省略在线支付环节，记录下订单信息内容即可）。

（2）登录某广告网站，查询经典的网络广告，分析其界面、广告词、多媒体等效果，体验其宣传优势和特点，并记录详细信息。

（3）在某团购网站上搜索4人套餐信息，查询餐饮产品的详情，如菜品组合、菜单图片介绍、价位、购买人数、打折信息、就餐地点（地图信息）及有效期限、购买须知等，确定后选择"立即抢购"，记录订单信息即可。

（四）拓展训练

（1）在互联网上查询人才市场的电子商务发展现状，分析电子招聘业的优势和存在的问题，谈谈自己对互动就业网络的感受。如果你面临毕业找工作，你会不会选择电子招聘方式求职？在求职过程中应注意哪些事项？

（2）利用互联网搜索查询功能，分析房地产信息网建设的优势与服务领域。

（3）登录阿里巴巴网站，了解网站的各项功能，并尝试查询企业产品信息和采购流程。

课后提升

京东商城的物流体系与盈利模式

京东商城是中国最大的综合网络零售商之一，是中国电子商务领域最受消费者欢迎和最具影响力的电子商务网站之一。在线销售家电、数码通信、计算机、家居百货、服装服饰、母婴、图书、食品、在线旅游等13大类数万个品牌百万种优质商品。2017年京东"双11全球好物节"下单金额突破1271亿元，占全网销售额的21.41%。2017年中国网购B2C市场交易规模为6.1万亿元，京东占比55.3%。京东已拿下国内B2C市场的一半份额。

一、京东物流体系

京东能够走出一条具有规模效应的可持续增长和盈利的电商之路，它的自建物流功不可没。多年以来，京东在物流和科技领域保持着巨额投入，不仅重金自建仓储、购买设备，同时向物流自动化、人工智能方向发展，2017年京东物流已覆盖中国98%以上的人口。京东商城并没有像其他B2C企业一样把物流完全外包出去，而是创办了自己的物流体系，目前京东有两套物流配送体系，一套是自建物流体系，另一套是与第三方合作。

（一）自建物流体系

京东物流作为自营电商物流，多次创立中国电商物流的新模式：电商物流免费是京东最先开启的，电商物流"211"模式是京东提前推动，电商物流收费门槛模式也是京东提出的。同时，京东也是最早开启云仓模式的电商自建物流平台。

中国最发达的一线城市，其每天的业务成交量也最大，为京东商城带来了最多的经济效益。为了维持在这些地区的业务量，京东采取自建物流的方式，以更好地向当地用户提供物流服务。目前，京东分别在北京、上海、广州、成都、武汉设立了一级物流中心，在沈阳、济南、西安、南京、杭州、福州、佛山、深圳等城市建立了二级物流中心。

京东自建物流体系与传统电商物流的差异：京东的巨额投入并非盲目地扩大地盘，与其他物流企业网状式的结构不同，京东的仓储配送体系是轮轴式，自控力极强，将全国分为7个大区，建立7个物流中心，每个大仓有自己的服务半径，最终形成3个层级的立体物流网络布局（大区仓、中心仓、末端仓库），这是传统电商物流企业根本不可能具备的生态物流布局。

（二）与第三方合作

京东物流与第三方合作的主要模式如下：

（1）FBP模式。京东给商家一个独立操作的后台，但是从仓储到配送到客服都是京东来操作，京东本身自营的产品能享受的所有服务，商家都能享受。

（2）LBP模式。配送和客服交给京东操作，要求每天有订单，将产生的订单包装好发货到京东就近的仓储，由京东来开具消费者发票。

（3）SOP模式。SOP模式与淘宝商城模式比较类似，由商家来承担所有的服务。

（4）SOPL模式。配送和客服交给京东操作，要求每天有订单，将产生的订单包装好发货到京东就近的仓储，由商家来开具消费者发票。

二、京东商城的盈利模式

京东商城的收入主要来源于以下几个方面：

（1）直接销售收入。京东商城通过赚取商品购入价和销售价之间的差额获得利润，京东商城在线销售的产品类别丰富，产品的价格比线下零售低10%~20%，毛利率在5%左右。

（2）虚拟店铺出租收费。京东商城通过收取网上虚拟店铺的租金、交易手续费等获取利润。

（3）广告费。

资料来源：百度文库（http://wenku.baidu.com）。

网络餐厅

如今在网上开店是e时代年轻人的赚钱新方式,见过在网上卖服装、卖化妆品的,还真没想到居然有人开起了"网络餐厅"。李云芬就是凭着自己的聪明才智,在互联网上当起了餐厅老板,开始了"零成本网上创业"。

她查阅了大量的食谱,精心设计出20多种不同风味、搭配合理的套餐,并准备了一台二手笔记本电脑,连上了互联网。男友为她的"网络餐厅"制作了一个精美的网页,附上20多款美味菜肴的照片。经过半个多月的准备,"网络餐厅"终于开业了。开业当天,李云芬准备了1000多张折叠式加香名片,散发到附近的写字楼里,名片的外层有网上餐厅的网址、电子信箱和电话,展开后有各式各样的套餐和靓汤的名字。三天过去了,李云芬却没有等来一个订餐的消息。

就在她快要丧失信心的时候,第四天上午,李云芬终于等来了第一单生意,对方要预订3份午餐,要求中午12点送到当地工商分局三楼。李云芬心里有点犹豫:"网络餐厅"还没有到工商部门注册登记,去工商局送快餐会不会被发现?但最后,她还是决定去,同时注册登记。

李云芬准时送上可口的饭菜后,询问注册"网络餐厅"的手续。工作人员告知如何注册登记,如何办理卫生、防疫、税务等手续,之后把一张菜单递给李云芬:"这是我们明天的午餐!"

李云芬很快就把开"网络餐厅"的所有手续办齐了。接下来,她开始思索如何开拓客源,如何把自己的品牌菜肴做好。她选择了一栋写字楼的客户,一大早就把印有所有午餐品种的宣传画发给他们,并注明第一顿免费品尝。这一招果然奏效!客户被菜品的美味打动,纷纷下了订单。口口相传,李云芬的"网络餐厅"订单越来越多。一段时间后,已经有30多家公司成了她的长期客户。

因为生意扩大,李云芬另外租了一套大房子,招聘了十多名以下岗工人为主的送餐员和两位厨师。为了保证质量,她把每天的套餐量控制在600盒,为了提供更完善的服务,每盒快餐赠送一款任选的靓汤。

经营"网络餐厅",李云芬始终以诚信为出发点。每周一,她把一周的配餐计划发布在网页上,发送到长期客户的电子邮箱里,并向客户承诺送餐时间的误差小于5分钟。她每天按时上网接收订单,早上5点就去菜场精挑细选原料,回来严格按食谱要求配料、烹制。订餐的范围扩大了,为了让客户能准时吃上新鲜的饭菜,李云芬特意将新购买的面包车改装成送餐保温车,专门向客户比较集中的大厦、写字楼送餐。

有一天,一位客户接到送餐后,嫌送餐员花的时间太长,抱怨饭菜都不太热。李云芬得知后,当即骑上摩托车,亲自将一份冒着热气的精品套餐和靓汤免费送到对方手上,并诚恳地代表员工赔礼道歉。这件事传开后,"网络餐厅"更是声名鹊起。

李云芬了解到,这次的事情是因为送餐员找不到大厦电梯而耽误了时间。于是,她意识到培训员工熟悉地理环境的重要性。此后,每天下午送餐结束后,她就带送餐员到各处的高楼大厦转,把出入口和结构比较特殊的写字楼画下来。经过几个月的努力,他们做出了客户分布示意图,让每个送餐员都能以最快的速度完成任务。现在,"网络餐厅"除去成本、税收,每个月已有近万元的利润。

资料来源:《共产党员》——"创业故事"。

巩固提高

一、填空题

1. 有形产品的电子订货和服务,被称为(　　　)电子商务。
2. 在电子商务活动中,一直占据主流地位的是(　　　)类型的电子商务。
3. 电子商务按照使用的网络类型分类,主要分为基于(　　　)网络、Internet 网络和 Intranet 网络的电子商务。
4. 企业内部各部门之间的商务活动多采用(　　　)进行。
5. 计算机辅助设计系统的英文简称为(　　　)。

二、简答题

1. 简述电子商务在制造业应用的五大系统。
2. 简述网络广告的优越性。
3. 简述电子商务在旅游业的主要应用。
4. 简述电子政务的三个应用领域。

任务三
比较电子商务交易模式

电商模式概述

任务描述

随着现代通信技术、计算机及网络技术的飞速发展,电子商务以其低廉的交易成本、简化的贸易流程、超越时空限制的经营方式和由此带来的巨大利润,正成为传统企业追逐的热点,成为新的经济增长动力。在电子商务交易中参与的主体可以是企业,也可以是消费者个人,不同的交易主体会构成不同的交易模式。常见的电子商务交易模式包括企业与消费者之间的电子商务、企业与企业之间的电子商务、消费者与消费者之间的电子商务三种。本任务就是让我们来认识和比较这三种主要的电子商务交易模式。

任务目标

本任务要求学生通过相关知识了解电子商务的三种交易模式及其交易流程,并能通过互联网平台体验不同类型的电子商务交易。

任务实施

一、知识准备

电子商务是在网络平台上进行的在线交易,利用现代化的技术将企业与企业、企业与消费者、消费者和消费者之间有机地联系起来,实现从商品浏览、洽谈、下订单、收货到付款等一系列复杂流程的自动化处理。

在电子商务交易过程中,需要参与的主体众多,如企业、消费者、接入服务的提供商(ISP)、在线服务的提供者、物流公司和网上银行等。不同的交易主体会构成不同的交易模式,目前比较常见的有 B2B、B2C、C2C 三大类。

(一)B2B 交易模式

B2B 模式的交易双方均是企业,双方通过互联网完成供求信息发布、订货、支付、确定配送方案、监控配送过程等所有活动。这种交易模式发展速度十分迅猛,是目前电子商务的主流形式,在电子商务中占据主导地位。

1. B2B 交易模式分类

B2B 交易模式可以使企业之间的交易减少许多事务性的工作流程和管理费用,大大降低运营成本,为企业之间的战略合作提供了较好的基础。企业之间可以通过网络,在市场、产品或经营等方面建立互补互惠的合作形式,形成水平或垂直形式的业务整合。

目前 B2B 交易模式包括两种基本模式:

- 垂直 B2B:面向供货商或经销商。此种 B2B 交易模式可以分为上游和下游两个方向,企业既可以与上游的供应商之间形成供货关系,也可以与下游的经销商之间形成销货关系。
- 水平 B2B:面向中间市场。此种 B2B 交易模式,交易双方通过中介服务网站进行信息交流、广告促销、拍卖竞标、商品交易、仓储配送等商业活动。

相关链接

B2B 的有关数据

据中国电子商务研究中心监测数据显示,2017 年上半年,中国 B2B 电子商务市场交易额 9.8 万亿元,同比增长 24%。2017 年,B2B 电商市场实现稳步增长。随着企业用户消费习惯逐渐转移至线上,加之 B2B 电子商务的在线服务趋向标准化和产业链化,B2B 迎来了新的机遇。

资料来源:中国电子商务研究中心(http://www.100ec.cn)。

---

2. B2B 交易流程

B2B 电子商务交易模式主要有采购商、供应商和配送商三大参与主体。具体交易流程如下:

（1）采购商向供应商询问想购买商品的详细信息。

（2）供应商向采购商反馈商品的价格、功能等详细信息。

（3）采购商向供应商订货，发出订单，订单中包含产品名称、数量等信息。

（4）供应商根据采购商的订单查询商品的库存、型号、质量等情况，确认能否满足采购商的需求，做出应答。

（5）采购商根据供应商的应答调整订单，生成最终的销售订单。

（6）供应商与配送商联系，查询能否满足采购商提出的商品运输要求，确认无问题后发货，同时向采购商发送发货通知，说明运输商的名称、交货时间、地点、运输设备等详细信息。

（7）采购商收到商品后确认收货。

（8）采购商支付货款，发出付款通知，供应商收到货款后发出收款通知。

（9）采购商收到商品，供应商收到货款，B2B 交易完成。

3. B2B 实例——阿里巴巴

阿里巴巴（http：// www.alibaba.com.cn）是全球企业间（B2B）电子商务的著名品牌，是目前全球最大的网上交易市场和商务交流社区。良好的定位、稳固的结构、优秀的服务，使阿里巴巴成为全球首家拥有数百万商家的电子商务网站，成为全球商家网络推广的首选网站，被商家们评为"最受欢迎的 B2B 网站"。阿里巴巴网站首页如图 1-4 所示。

图 1-4　阿里巴巴网站首页

（1）阿里巴巴的产品和服务。阿里巴巴中文站主要为国内市场服务，其核心产品是"诚信通"服务，通过建立网上诚信档案，提高网上交易成功的机会；阿里巴巴国际站面向全球商家提供专业服务，为中国优秀的出口型企业提供在全球市场的"中国供应商"专业推广服务。其核心产品"中国供应商"，是一项旨在帮助国内出口企业开拓全球市场的高级网络贸易服务。

另外，阿里巴巴还提供了"我的阿里助手"服务，是阿里巴巴网站为注册会员所提供的一个集成的工具包，对买家和卖家都能提供相应的帮助。工具包内容主要有供求信息、公司介绍、留言、会员资料、竞价排名、装饰商铺、在线拍卖、交易管理、支付宝账户、我的客户管理、社区、培训与帮助共十二大功能。

（2）阿里巴巴的盈利模式。阿里巴巴的收入主要来自以下几个方面：阿里国际站的会员收入；阿里国内"诚信通"会员收入；会员的竞价排名收入以及广告收入等。阿里巴巴的优势在于开放性和商家的丰富度，能够提供企业采购涵盖的所有类目。该平台帮助各企业降低采购成本20%以上，提升采购效率50%以上。

（3）阿里巴巴买家交易流程。
- 登录"我的阿里助手"，利用"搜索"功能查询想购买的商品信息。买方可以查看同样产品的性能、参数、供应公司的实力对比，产生购买意向后，用户可进行询价、议价。
- 买方选定欲购买的商品后下订单。
- 货款支付通过支付宝完成，买方将货款打入支付宝后通知卖方发货。
- 等待卖方发货。买方可通过"我的阿里助手"进行订单管理。
- 买方收到货物后确认收货。
- 将支付宝中的货款转到卖方账户。

（4）阿里巴巴卖家交易流程。
- 登录"我的阿里助手"，发布产品信息，填写详细信息，包括信息标题、产品属性、详细说明、产品图片、信息有效期、交易条件、联系方式的确认与修改等内容。卖方可通过"管理供求信息"模块对已发布上网的信息进行重发、修改、过期、删除等操作。
- 卖方可通过"求购"或"找买家"模块主动寻找买家，获得求购信息。
- 买方下订单后，卖家可对形成的订单进行运费、折扣等修改和补充管理，确定交易总额，形成最后的订单。
- 生成订单后，买卖双方可直接通过支付宝进行货款支付，买家付款给支付宝安全账户后，卖家发货。
- 发货成功后等待买方确认收货。
- 买家收货并确认后，货款通过支付宝安全账户转给卖家，交易完成。

（二）B2C 交易模式

B2C交易模式以网络零售业为主，是我国最早产生的电子商务模式，企业和商家可以充分利用网络平台展示商品和服务，消费者可以自由选择，深入了解感兴趣的商品。

> **相关链接**
>
> **B2C 的有关数据**
>
> 据中国电子商务研究中心监测数据显示，按 GMV 进行计算，2017 年上半年中国 B2C 网络零售市场（包括开放平台式与自营销售式，不含品牌电商），天猫排名第一位，

> 占50.2%的份额,较2016年上半年下降了3%;京东名列第二位,占24.5%的份额,同比上升了0.3%;唯品会位于第三位,占6.5%的份额,同比上升了2.7%;苏宁易购排名第四位,占5.4%的市场份额,同比上升了2.1%;国美在线位列第五位,占4.1%的份额,同比上升了2.5%。其他平台包括1号店、亚马逊中国、当当、聚美优品等B2C平台占据整个市场9.3%的份额。
>
> 资料来源:中商情报网(http://www.askci.com/)。

1. B2C交易模式分类

在B2C电子商务交易模式中,企业通过网络直接与消费者沟通,面向消费者提供各类产品和服务,最大限度地满足消费者的需求。B2C电子商务可分为以下三种交易类型:

(1) 流通性企业的网上零售。网上零售指的是零售企业根据消费者的订单直接从生产厂家进货,直接将商品配送到消费者手中。由于零售企业是直接从生产厂家进货,没有中间商,大大降低了商品的价格,同时减少了库存,加快了资金周转。

(2) 中介性企业的网上中介服务。中介性企业是无库存、无配送,只是充当生产商和消费者之间的信息中介,收费低廉,消费者可以通过网站及时查询信息并直接进行交易。

(3) 生产性企业的网络直销。生产性企业直接利用Internet与消费者进行交易和沟通,真正实现了企业以顾客为中心,按需生产,服务顾客。

2. B2C交易流程

B2C电子商务交易涉及以下几大参与主体:消费者、为消费者提供在线购物场所的网上商城、负责为客户所购商品进行商品配送的物流配送系统、负责货款结算的银行、负责顾客身份确认的认证系统。具体交易流程如下:

(1) 消费者浏览网上商城,搜寻自己需要的商品;

(2) 消费者将需要购买的商品放入购物车中,填写商品数量、收货地址、联系方式等详细信息,生成订单;

(3) 商家处理订单,进行商品价格修改等操作;

(4) 消费者通过网上银行进行货款支付;

(5) 商家进行货物配送,既可以通过自己的配送部门,也可以通过专业的物流公司完成;

(6) 消费者收到货物,验证无误后确认收货,如果发现货物存在问题,与商家联系退、换货;

(7) 商家收到货款,购物结束。

3. B2C实例——天猫商城

淘宝网由阿里巴巴集团在2003年5月10日投资创立。天猫原名淘宝商城,2008年4月10日建立,是淘宝网打造的B2C平台。天猫整合数千家品牌商、生产商,为商家和消费者之间提供一站式解决方案;提供100%品质保证的商品,7天无理由退货的售后服务,以及购物积分返现等优质服务。2012年1月11日,淘宝商城正式宣布更名为"天猫"。2012年3月29日,天猫发布全新Logo形象。迄今为止,天猫已经拥有4亿多买家,5万多家商户,7万多个品牌。天猫商城网站首页如图1-5所示。

图 1-5 天猫商城网站首页

（1）天猫商城的交易文化。天猫商城倡导诚信、活泼、高效的网络交易文化，在为淘宝会员打造更安全的网络交易平台的同时，也全心营造和倡导互帮互助、轻松活泼的家庭式氛围，不但交易更迅速，也使顾客交到更多朋友。

（2）天猫商城的服务。天猫商城旨在为商家提供电子商务整体解决方案，为消费者打造一站式的购物体验平台。对于消费者而言，天猫商城提供了最为全面且低价的海量商品，整合了最为优质的商家，构建了最完善的购物保障体系、最方便的付款方式、最优良的店铺评价体系，以期为消费者打造良好的购物体验。同时对于商家而言，天猫商城也是不遗余力地为商家提供最为实用的店铺体系，整合淘宝网近亿的庞大消费群体，建立用于学习提高的商学院系统，运行便于沟通交流的社区网络——淘宝论坛天猫商城模块，同时提供大量的软件工具帮助卖家提供更好的销售支持，力争建立开放、协同、繁荣的电子商务系统。

- 信用评价系统。天猫商城为了更好地约束商家，让商家尽可能提高自己的服务，保护消费者的利益，在原来淘宝网信用评价体系的基础上，开发了天猫商城的店铺评价体系。
- 商城正品保障体系。天猫商城为了改变原来淘宝网被人诟病的真假难辨的恶劣商品形象，在成立之初，就极力塑造良好的形象，提出了"品牌正品，商城保障"的口号，为此，天猫商城制定了大量的制度和服务保障体系。

（3）天猫商城的交易流程。

- 登录天猫商城。天猫支持支付宝交易，不分境内境外。
- 挑选商品。选择购买前如果对商品信息有任何疑问，消费者都可以通过阿里旺旺与商家联系，确认无误后点击"立即购买"。
- 下订单。确认收货地址、购买数量、运送方式等内容，点击"确认无误，购买"。
- 货款付款。消费者可进入"已买到的宝贝"查找商品的交易记录，此时交易状态显示为"等待买家付款"，该状态下商家可修改交易价格，付款金额确认无误后，消费者可点击"付款"，完成货款支付。

- 等待发货。消费者付款成功后,交易状态显示为"买家已付款",需要等待卖家发货。
- 确认收货。卖家发货后交易状态显示为"卖家已发货",待收到货物确认无误后,消费者可点击"确认收货",消费者输入支付宝密码后,点击"确认"。
- 双方评价。此时交易状态显示为"交易成功",交易双方可对此次交易进行评价,消费者也可进行"追加评论"。

(三) C2C 交易模式

C2C 交易模式是消费者个人与个人通过在线交易平台完成的商品交易活动。在此平台上,卖方可发布产品的销售信息,提供商品进行网上拍卖,买方则可根据自己的需要购买商品,进行竞价。

相关链接

C2C 的有关数据

C2C 模式在我国开始于 1999 年的易趣网,而 2003 年淘宝网的成立,意味着我国 C2C 模式新一篇的开端。2006 年,腾讯推出了拍拍网;2008 年,百度推出了百度有啊;2018 年,拼多多也走进更多年轻人的生活中。在经历了群雄激战后,目前活跃的是淘宝网、拼多多。

资料来源:明清科技(http://www.mingqing168.com)。

在 C2C 模式中,电子交易平台供应商起着举足轻重的作用,是这个商务模式存在的前提和基础。

网络的范围如此广阔,如果没有一个知名的、受买卖双方信任的供应商提供平台,将买卖双方聚集在一起,那么双方仅仅依靠在网络上漫无目的地搜索很难发现彼此,并且也会失去很多的机会。

电子交易平台提供商还承担了监督和管理的职责,负责对交易行为进行监控,最大限度地避免欺诈等行为的发生,保障买卖双方的权益。

电子交易平台提供商还能够为买卖双方提供技术支持服务,包括帮助卖方建立个人店铺,发布产品信息,制定定价策略等;帮助买方比较和选择产品以及电子支付等。正是由于有了这样的技术支持,C2C 的模式才能在短时间内迅速为广大普通用户所接受。

随着 C2C 模式的不断成熟发展,电子交易平台供应商还能够为买卖双方提供保险、借贷等金融类服务,更好地为买卖双方服务。

1. C2C 网站的盈利模式

目前 C2C 网站现有的盈利模式主要包括以下几种:

(1) 会员费。C2C 网站为会员提供网上店铺出租、公司认证、产品信息推荐等多种免费会员无法享受的服务,并收取适当的费用。

(2) 交易提成。交易提成是 C2C 网站的主要利润来源,网站为交易双方提供机会,从交易中收取提成。

(3) 搜索排名竞价。C2C 网站商品种类繁多,顾客的搜索量大,网络开展搜索关键字竞价的业务，用户可以为某关键字提出自己认为合适的价格，最终由出价最高者竞得，在有效时间内该用户的商品可获得竞得的排位。

（4）广告费。网站可提供网页上的广告位置，依据网站流量和网站人群精度标定广告位价格，吸引用户发布广告。

2. C2C 交易流程

以网上竞拍为例，C2C 的交易流程如下：

（1）拍卖方发布拍卖商品的信息，确定起拍价格、竞价幅度、截止日期等相关信息；

（2）系统认证拍卖方的合法性和所填拍卖信息的正确性；

（3）竞拍方选择拍卖商品，进入竞拍页面，参与竞拍；

（4）竞拍成功后，买方付款，卖方交货，竞拍完成。

3. C2C 实例——拼多多

拼多多公司是隶属于上海寻梦信息技术有限公司的一家商家入驻模式的第三方移动电商平台，成立于 2018 年，也是"以人为先"的新电商开创者。在"以人为先"的理念下，拼多多将娱乐与分享的理念融入电商运营中：用户发起邀请，在与朋友、家人、邻居等拼单成功后，能以更低的价格买到心仪的商品；同时拼多多也通过拼单了解消费者，通过机器算法进行精准推荐和匹配。拼多多的核心竞争力在于创新的模式和优质低价的商品：拼单意味着用户和订单大量且迅速地涌入，而丰厚的订单使拼多多可以直接与供货厂商（或国外厂商的国内总代理）合作对话，省掉诸多中间环节，实现 C2C 模式，从而体现价格优势。

二、教学活动

（一）活动内容

借助互联网平台，在淘宝网上购物。熟悉网上购物的流程，通过实践活动体会消费者在 C2C 交易模式中的作用。

（二）活动要求

（1）学生两人一组，每组需要事先注册淘宝账号。

（2）每组至少有一名同学注册支付宝账号并绑定一张银行卡。

（3）每组同学商量好想要购买的商品，建议购买虚拟产品。

（4）实训时间：4 课时。

（三）操作步骤

第一步，商品搜索。每组同学在淘宝网首页按类目选择或者直接搜索自己喜欢的商品，需要查看卖家的信用度和好评率，可与卖家通过旺旺联系，了解商品的详细信息。

第二步，下订单购买。每组同学选定要购买的商品后下订单，填写购买数量、收货地址、运送方式等详细信息。

第三步，支付宝付款。每组同学通过支付宝付款，付款成功后交易状态显示为"买家已付款，等待卖方发货"。

第四步，收货确认。待卖家发货后，交易状态更改为"卖家已发货"，待收到货确认无误后，单击"确认收货"。

第五步，对卖家进行评价。交易结束后每组同学针对此次交易对卖方进行客观评价。

（四）成果展示

每组同学完成实训任务后，填写"网上购物统计表"。

网上购物统计表

淘宝用户名		购买商品	
购买数量		交易金额	
店铺名称		店铺信用等级	
对购买商品的评价			
本次网上购物的感受			

（五）拓展训练

（1）请同学们分析在淘宝网上购物需要注意哪些问题？

（2）试比较淘宝网上购物与电子商务模拟平台中的 C2C 交易有何异同。

课后提升

B2B、B2C、C2C 三种交易模式的融合

电子商务是一种以互联网为基础、交易双方为主体、电子支付为手段、用户数据为依托的全新商务模式，它使企业和个人的工作方式、生活方式、思维方式产生巨大变革。目前各家交易平台提供商不断推陈出新，创新业务模式，以吸引更多注意力，B2B、B2C 和 C2C 网站间的界限日趋模糊。

由于技术的进步以及互联网企业之间竞争的激烈，电子商务网站都想打造出全新的运营模式，以突破传统的 B2B、B2C、C2C 模式，而各个领域的巨头也有能力和动力触碰对方的领域。例如，早在 2003 年阿里巴巴就设立了淘宝网，从此进入了 C2C 领域，而随后通过支付宝以及其他相关服务将 B2B 与 C2C 融合在一起，组建了 B2B2C 的新业务模式，即淘宝用户可以从阿里巴巴批发进货，再到淘宝上销售，不仅实现了从 B2B 到 C2C 的成功跨越，也大大扩大了两个网站用户双方的客户群或进货渠道，实现了 B2B 与 C2C 之间接近无缝的对接。当当网也通过宣布对 C2C 业务的永久免费来增加 B2C 业务的吸引力，实际上等于扩大了自己的业务范围，也进一步模糊了自己的客户边界，成为并行在 B2C 和 C2C 二者之间的网络服务商。

随着电子商务的不断完善和发展，其深度将进一步拓展，将从网上商店和门户的初级形态，过渡到将企业的核心业务流程、客户关系管理等都延伸到互联网上，使产品和服务更贴近用户需求。随着移动互联网与有线互联网之间在一个界面登录、交易信息实时互通等技术和业务一体化方面的进展，移动电子商务发展前景广阔。同时，伴随着信息技术的不断进步，未来的电子商务将支持更多更丰富的业务模式，继续区分交易的类别并无实际意义，B2B、C2C 与 B2C 之间的融合是大势所趋。

巩固提高

一、填空题

1. （　　　　）交易模式可以使企业之间的交易减少许多事务性的工作流程和管理费用，大大降低了运营成本，为企业之间的战略合作提供了较好的基础。
2. （　　　　）交易模式以网络零售业为主，是我国最早产生的电子商务模式，企业和商家可以充分利用网络平台展示自己的商品和服务，消费者可以自由选择，深入了解自己感兴趣的商品。
3. B2C 电子商务可分为流通性企业的网上零售、中介性企业的网上中介服务和生产性企业的（　　　　）三种交易类型。

二、简答题

1. 简述 B2B 的交易流程。
2. 简述 B2C 的交易流程。
3. 简述 C2C 的交易流程。

任务四
掌握电子商务业务流程

电子商务的
交易流程

任务描述

电子商务作为一种新型的商务活动方式，正在成为推动全球经济增长的重要力量。在电子商务的实践中，企业依据各自的特点采用不同的交易模式与运作方式，从而形成了多种多样的业务流程，本任务就是帮助学生掌握常见的电子商务业务流程和主要环节。

任务目标

本任务要求学生掌握网络商品直销和网络商品中介交易两种常见的电子商务业务流程，并能通过互联网平台真实体验网上交易过程中的不同角色，熟悉交易流程的操作步骤。

任务实施

一、知识准备

业务流程是指为达到某一目标而进行的一系列逻辑相关的活动。商务流程是以商务活动为主体，为追求利益、价值最大化所进行的营销、洽谈、签约、履行合同等一系列商务活动。电子商务是利用电子手段实现的商务活动，因此电子商务流程是通过计算机技术、通信技术和网络技术等现代化的技术手段实现的商务流程。

（一）电子商务的基本流程

1. 电子商务流程的参与主体

电子商务流程的主体包括参与电子交易过程的机构、团体及个人，除了交易双方之外，还要有电子银行、认证中心、配送中心等部门的参与。

（1）供应商的主要业务。电子商务交易中供应商的业务主要包括：发布商品信息、回复客户询问、处理客户订单、通知物流发货以及订单处理回执等。

（2）需求方的主要业务。需求方的业务主要包括：检索商品信息、在线咨询、确认订单、在线付款以及收货确认等。

（3）第三方的主要业务。

- 网上银行主要完成交易双方的资金结算业务，包括网上转账、收款通知、账目查询和管理、电子现金等基本内容。
- 物流服务主要接受供应商的送货需求，组织运送货物，并负责货物的在线跟踪查询服务。
- 认证中心主要提供交易双方的信用保障，负责发放和管理数字证书，确认交易各方的身份。

2. 电子商务的基本流程

无论哪种类型的电子商务交易活动，其交易流程都可划分为以下三个阶段：

（1）交易前。本阶段主要指买卖双方和参与交易的各方在签约前所做的一系列准备活动。买方利用Internet搜索自己需要的商品和商家，确定购买的商品的种类、数量、规格、价格、购货地点和交易方式等。卖方利用Internet发布商品广告，寻找贸易伙伴和交易机会，扩大贸易范围和商品所占市场的份额。

（2）交易中。本阶段主要包括买卖双方进行交易谈判，签订贸易合同，并办理交易进行前的相关手续。合同中明确规定买卖双方在交易中的权利、所承担的义务、所购买商品的种类、数量、价格、交货地点、交货期、交易方式和运输方式、违约和索赔等内容。同时买卖双方也需要在签订合同后到合同开始履行之前的这一阶段办理各种手续，以保证合同的顺利实行。

（3）交易后。本阶段主要包括交易合同的履行以及索赔问题。交易双方依法履行合同规定，卖方发送货物，买方支付货款。在交易过程中出现违约问题时，受损方可按贸易合同有关条款向违约方进行索赔。

（二）电子商务的业务流程

不同类型的电子商务交易其流程也有所不同，目前比较常见的两种基本流程是：网络商品直销流程和网络商品中介交易流程。

1. 网络商品直销流程

网络商品直销是指交易双方直接通过互联网开展交易活动。这种类型的电子商务活动省去了中间商，因此具有环节少、速度快、费用低等特点。网络商品直销流程如图1-6所示。

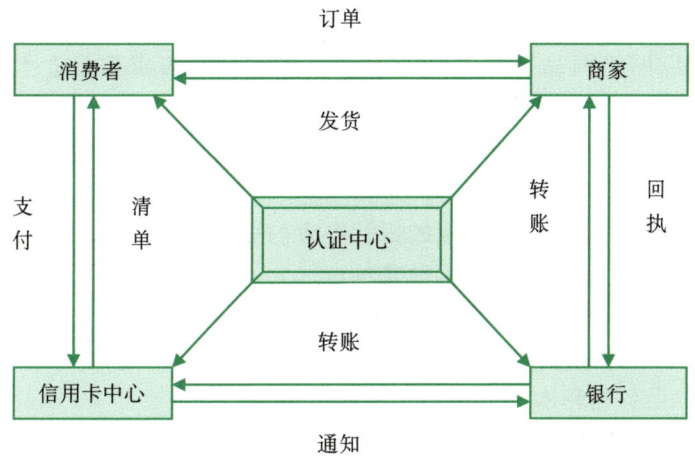

图 1-6 网络直销流程图

网络商品直销流程如下：

(1) 消费者通过互联网查看商家的销售信息；

(2) 消费者选定商品，与商家协商后填写订单；

(3) 消费者选择支付方式，如信用卡、电子货币、电子支票、储蓄卡等；

(4) 以信用卡支付为例，消费者通过信用卡中心通知银行支付货款，银行将支付款项转移到信用卡中心；

(5) 商家确认消费者货款已付后通知物流中心发货；

(6) 消费者确认收货，货款转移到商家账户，商家发送回执；

(7) 交易成功，信用卡中心为消费者开具清单。

2. 网络商品中介交易流程

网络商品中介交易是通过网络商品交易中心实现的，通过互联网等先进的技术手段将供应商、采购商和银行紧密地联系起来，为客户提供市场信息、商品交易、仓储配送、贷款结算等全方位的服务。网络商品中介交易流程如图 1-7 所示。

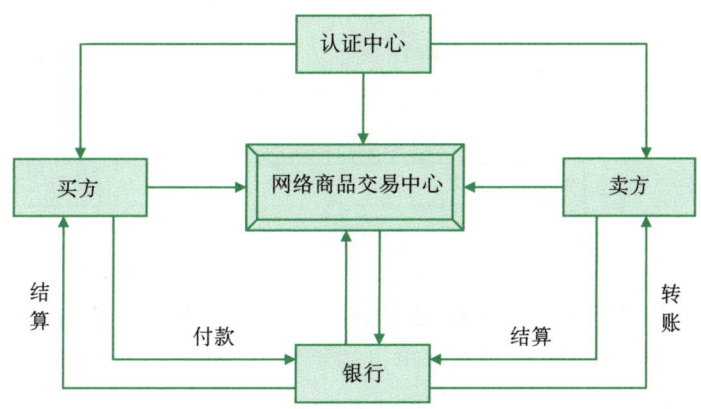

图 1-7 网络商品中介交易流程图

网络商品中介交易流程如下：

（1）买卖双方以网络商品交易中心为中介，买方发布需求信息，卖方发布供应信息，交易中心向双方发布大量、详细的交易数据和市场信息。

（2）买卖双方根据网络商品交易中心提供的信息确定贸易对象，通过网络商品交易中心确定交易对象，签订交易合同。

（3）买方在网络商品交易中心指定的银行办理付款业务。

（4）卖方通过网络商品交易中心配送货物。

（5）买方收到货物后，卖方与网络商品交易中心指定的银行办理转账业务，完成货款结算。

（三）电子商务业务流程实例——当当网购书流程

当当网（www.dangdang.com）是一家以图书销售为主的综合性网上购物商城，从1999年正式开通至今，其已从早期的网上售书拓展到网上销售各品类百货，包括图书音像、美妆、家居、母婴用品、服装和3C数码等几十个大类。

当当网购书流程：

第一步，注册及登录。用户通过邮箱或手机号码注册新会员（见图1-8）。

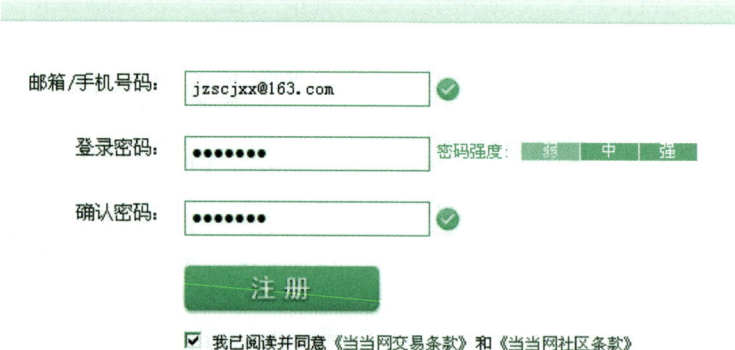

图1-8　当当网用户注册页面

第二步，搜索要购买的图书。当当网提供了方便快捷的图书搜索功能，可以通过在首页输入关键字的方法来搜索，也可以通过分类导航栏寻找想要购买的图书（见图1-9）。

图1-9　当当网图书搜索页面

第三步，下订单。选定要购买的图书，单击"购买"即可进入购物车，如果继续购买其他商品，可单击"继续购物"，否则可单击"结算"（见图1-10）。

图 1-10　当当网购物车结算页面

- 填写收货人信息：按提示填写收货人姓名、地址、邮编、联系电话等信息。
- 选择送货方式：用户依据实际情况选择送货方式：快递、普通邮递、特快专递等。
- 选择付款方式：用户可通过网上支付、货到付款、银行转账等方式付款。
- 提交订单：在填写完以上信息，且确认无误后提交订单，订单生成。

当当网订单提交页面如图 1-11 所示。

图 1-11　当当网订单提交页面

第四步，等待收货。当当网依据用户选择的送货方式配送图书。

第五步，确认收货。订单状态分为正在审核、正在配货、已配货、已发货。用户在收到图书后，登录账户确认收货。

二、教学活动

（一）活动内容

借助互联网平台，实现在淘宝网上开店。熟悉网上开店的流程和操作，通过实践活动体会消费者在 C2C 交易模式中的作用。

(二)活动要求

（1）学生两人一组，每组课前将其中一人身份证扫描备用。

（2）每组学生模拟扮演即将网上开店的创业者，选定要销售的商品类别、设计店名，完成"网上开店规划表"。

网上开店规划表

店　名		店　主	
物流商		建店平台	
Logo 图标		经营商品	
进货渠道		顾客群	
Banner 图像			
店铺介绍			

（3）自行选择软件工具，设计网店的 Logo（88×31 像素）和 Banner（468×60 像素）。

（4）实训时间：4 课时。

(三)操作步骤

第一步，实名认证。每组学生通过事先准备的身份证信息完成实名认证。

第二步，通过在线考试。每组学生要阅读淘宝规则，了解店铺经营行为准则及注意事项，完成考试。

第三步，完善店铺信息。每组同学填写店铺名称、商品类目、店铺介绍等基本信息。

第四步，确定物流商。每组学生需要确定合作的物流商，目前与淘宝合作的推荐物流有：邮政速递服务公司、申通 E 物流、圆通速递、中通速递、天天快递、宅急送、韵达快递、顺丰快递等。

第五步，商品添加与管理。确定网上所要销售的商品后，需要把商品的图片及相关资料添加到网店当中。淘宝网主要有三种发布商品的方法：一口价发布、拍卖发布及团购发布。

第六步，商品信息的管理。商品的信息发布完成后，通常需要 30 分钟后所售商品才能在店铺、分类、搜索中显示出来；可进行各项商品信息的修改。

第七步，网店开店成功。当发布 10 件以上商品，并保持商品为"出售中"状态，就取得了在淘宝上开店的资格。

(四)拓展训练

（1）每组同学在已申请支付宝账户的基础上，申请实名认证，可以采用实名认证和认证授权两种方式进行。

（2）每组同学尝试进行退货处理。

课后提升

聚美优品——中国最大的女性化妆品限时抢购商城

聚美优品是中国第一家专业化妆品团购网站,开创了化妆品行业电子商务 B2C 的新模式,如下图所示。聚美优品的化妆品团购模式不是简单的团购信息提供者,而是一个销售化妆品的 B2C 平台,是一个垂直行业的 B2C 网站。从 2010 年 3 月成立至今,凭借口碑传播,短短几年就从月销售额不足 10 万元发展到当月销售上亿元的规模。目前,聚美优品拥有 300 万注册用户,占女性化妆品团购市场份额的 80% 以上,是国内最大的化妆品团购网站,开创了一个以团购模式呈现的电子商务奇迹。

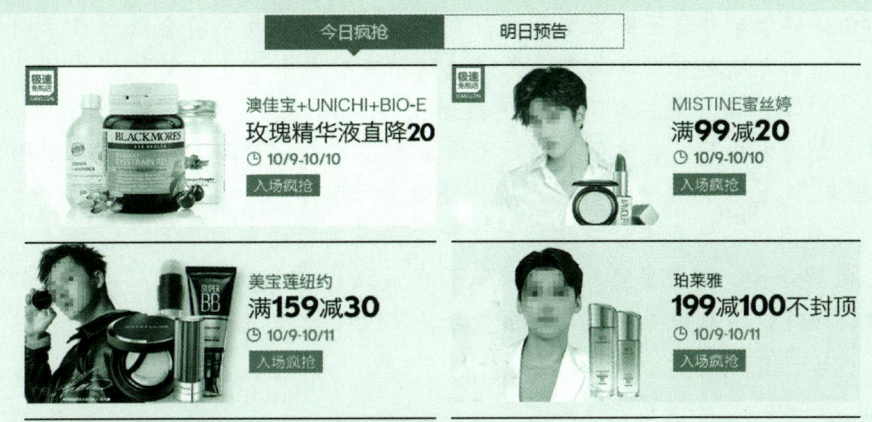

聚美优品抢购页面

1. 产品和服务

聚美优品主要销售最畅销的 20% 产品,包括兰蔻、相宜本草、雅诗兰黛等品牌,产品覆盖高中低各类市场。为提高客户消费体验,聚美优品严把进货渠道,确保 100% 正品,为客户免费提供美容知识,同时建立自己的物流配送中心,并在行业内率先推出"30 天拆封包退换"。聚美优品将会员分为普通会员、黄金会员和白金会员三个级别;针对不同的会员推出相应的服务。

2. 盈利模式

聚美优品是一个团购形式的 B2C 购物网站,其收入一方面来源于商品的销售收入,聚美优品有自己的货源、仓库和物流渠道,利用网络渠道降低销售成本,让利给消费者;另一方面来源于合作商家花在聚美优品网站上的广告收入。

3. 营销手段

(1)口碑营销:严把质量关,努力提升服务,设置"口碑中心",发展会员推荐可享受优惠的策略。

(2)娱乐营销:选择当红明星为品牌代言人,宣传产品。

(3)微博营销:CEO 陈鸥通过自己的微博直接与客户零距离沟通。

(4)特价营销:每天推出多款正品特价,吸引顾客。

(5)媒体营销:加强与网络和电视媒体的合作,加大宣传力度。

4. 交易流程

（1）注册登录。消费者注册聚美优品账号后登录，也可通过选择登录框下方的合作账号进行快速登录。登录成功后，系统将自动跳转至聚美优品首页。

（2）挑选商品。消费者可点击"限时特卖""聚美商城""奢侈品频道"等内容来查看每日最新的商品信息，挑选和购买心仪的商品；也可以通过关注聚美优品经常举办的促销、专场、抽奖等超值回馈活动，以最低的价格买到最优质的商品；还可以通过阅读"口碑"中心里的"口碑报告"，根据用户的亲身购买体验及真实评价挑选最适合的商品。

（3）加入购物车。点击商品详情页面的"抢购"或"加入购物车"后，该商品将被自动添加进购物车并转至购物车页面，页面右上方的购物车将会随时显示购物车中的商品数量，点击可随时查看购物车状态。选购结束后点击"去结算"。

（4）下订单。消费者按照页面中的提示文字详细填写、核对配送地址、送货时间、商品清单、支付方式等，相关信息核对无误后点击"确认订单"前往支付页面，或返回"修改购物车"。已获得现金券的用户可选择使用现金券。

（5）订单支付。消费者依据选择的支付方式完成货款支付。

（6）收货评价。消费者收到货物确认无误后点击"确认收货"，之后可以对收到的商品进行简短评价，或撰写详细口碑报告分享使用心得。

相关链接

你了解团购吗？

团购即为一个团队向商家采购，国际通称 B2T（Business To Team），是继 B2B、B2C、C2C 后的又一电子商务模式。所谓网络团购，是指一定数量的消费者通过互联网渠道组织成团，以折扣价购买同一种商品。这种电子商务模式可以称为 C2B（Consumer to Business）。与传统的 B2C、C2C 电子商务模式有所不同，C2B 需要将消费者聚合才能形成交易，所以需要有即时通信和社交网络工具作为支持。

资料来源：百度百科（http://baike.baidu.com）。

巩固提高

一、填空题

1. 电子商务流程的主体包括参与到电子交易过程中的机构、团体及个人，除了交易双方之外，还要有电子银行、（　　）、配送中心等部门的参与。

2. （　　）是通过网络商品交易中心实现的，通过互联网等先进的技术手段将供应商、采购商和银行紧密地联系起来，为客户提供市场信息、商品交易、仓储配送、货款结算等全方位的服务。

3. （　　）是通过计算机技术、通信技术和网络技术等现代化的技术手段实现的商务流程。

二、简答题

1. 简述网络商品直销流程。
2. 简述网络商品中介交易流程。

课后习题：
走进电子商务

项目二 建设电子商务网站

> ▶ **学习目标**
> - ☐ 掌握网站建设目的、盈利模式、域名含义等基础知识
> - ☐ 了解各种企业网站规划和设计相应的解决方法和技术
> - ☐ 掌握常见的企业电子商务网站的设计流程

任务一 规划与设计电子商务网站

🔍 任务描述

当看到别的企业有了网站，是不是也想建设自己公司的电子商务网站？有没有担心建站时会遇到的种种困难？例如，什么样的域名好？网站要包括哪些内容？如何规划？本任务就是让我们首先来了解电子商务网站的规划与设计。

🔍 任务目标

本任务要求学生通过相关知识了解域名的含义、网站内容的确定与规划，并能通过分析完成电子商务网站建设规划方案，使学生掌握电子商务网站的设计方法。

🔍 任务实施

一、知识准备

（一）电子商务网站建设目的

电子商务网站建设的目的一般可以分为展示企业形象、储存更多的信息、充分利用网络

资源、增强沟通挖掘潜在客户等。

1. 展示企业形象，提高企业知名度和品牌形象

在这个竞争激烈的数字化信息时代，网站是企业对外宣传、展示的窗口，企业建立自己的电子商务网站已经刻不容缓。精明的经营者懂得并擅于用最先进的媒体——互联网来树立企业形象，宣传企业产品。企业建立电子商务网站，是在网络时代的企业舞台中展现自身实力并寻求发展的重要途径。企业可以通过简洁大方、特点鲜明的网页来宣传自己的产品信息和服务，并及时、全面地了解客户的信息反馈。一个企业网站做得好，给客户的感觉是：这个企业领导意识先进，技术走在前列，管理科学化、智能化。顾客的感觉会完全不同，对其的信任度会大大提高。

2. 可以更方便地储存更多的信息

以往传统企业想对产品做些宣传，可能采取的方式就是做宣传册，一本宣传册充其量做到几十页，但网站却可以做到几百上千页。比如，在介绍一个项目时，宣传册上最多放上一两张照片、一段简短的文字介绍，但在网站上却可以配上多幅图片、视频详细介绍项目的背景、技术难度、施工情况等，这种效果显然比宣传册好很多，而且两种方法的成本相差很大。

再比如，企业的某些产品升级了或者有了新产品，如果按传统的方法再去重新设计印刷宣传册非常麻烦且成本较高，但在网站上这个工作就非常简单，能够及时更新修改以及删除信息。另外，企业有任何活动新闻之类的，也可以及时发布到网站上，让客户第一时间了解到企业的最新状况。

3. 能更充分地利用网络资源

Internet是强有力的工具，能以低代价却很方便地把产品或服务的信息发向全世界的每个角落，全世界所有客户都能通过网站了解企业。Internet在中国正以几何级数的速度发展，因此，任何一家企业都不应置身于Internet之外。

4. 增强双向沟通，挖掘潜在客户

真正的双向沟通：顾客看到企业网站后产生进一步洽谈的意向后可即时联系，有效地留住了产生"购买冲动"的客户，增加了成功的概率。另外，客户对公司的意见或建议也可通过网站得以收集。通过搜索引擎、网站链接等手段，可以把企业的信息传到世界各地，帮助企业寻找潜在客户。

5. 提高企业内部工作效率

网站还可以帮助企业提高效率，减少中间环节，规范管理，降低管理成本。公司内部各个部门可以通过网站来上传下达，及时了解企业各方面工作进展情况，最终提高工作效率。

总之，借助互联网，企业内部、企业和分支机构、企业和客户、企业和供应商、企业和政府之间建立了前所未有的紧密联系，为企业带来了实实在在的效益。

（二）域名

1. 域名的含义

域名（Domain Name），又称"网域""网域名称"，是由一串用点分隔的名字组成的Internet上某一台计算机或计算机组的名称，用于在数据传输时标识计算机的电子方位（有时也指地理位置）。网域名称系统（Domain Name System，DNS）是互联网的一项核心服务，

它作为可以将域名和 IP 地址相互映射的一个分布式数据库,能够使人更方便地访问互联网,而不用去记住能够被机器直接读取的 IP 地址数串。

例如,www.baidu.com 作为一个域名,与一个 IP 地址 218.80.152.12 相对应。DNS 就像是一个自动的电话号码簿,可以直接拨打 www.baidu.com 的名字来代替电话号码(IP 地址)。DNS 在直接调用网站的名字以后就会将像 www.baidu.com 一样将便于人类使用的名字转化成像 218.80.152.12 一样便于机器识别的 IP 地址。

2. 域名的分类

域名可分为不同级别,包括顶级域名、二级域名等。顶级域名又分为两类:

(1)国家顶级域名。200 多个国家都按照 ISO 3166 国家代码分配了顶级域名,例如,中国是 cn,美国是 us,日本是 jp 等。

(2)国际顶级域名。例如,表示工商企业的 .com,表示网络提供商的 .net,表示非营利组织的 .org 等。为加强域名管理,解决域名资源的紧张,Internet 协会及世界知识产权组织(WIPO)等国际组织经过广泛协商,在原来 3 个国际通用顶级域名的基础上,新增加了 7 个国际通用顶级域名:firm(公司企业)、store(销售公司或企业)、Web(突出 WWW 活动的单位)、arts(突出文化、娱乐活动的单位)、rec(突出消遣、娱乐活动的单位)、info(提供信息服务的单位)、nom(个人),并在世界范围内选择新的注册机构来受理域名注册申请。

二级域名是指顶级域名之下的域名,在国际顶级域名下,它是指域名注册人的网上名称,如 ibm,yahoo,microsoft 等;在国家顶级域名下,它是表示注册企业类别的符号,如 com,edu,gov,net 等。

中国在国际互联网络信息中心(Inter NIC)正式注册并运行的顶级域名是 cn,这也是中国的一级域名。在顶级域名之下,中国的二级域名又分为类别域名和行政区域名两类。类别域名共 6 个,包括用于科研机构的 ac,用于工商金融企业的 com,用于教育机构的 edu,用于政府部门的 gov,用于互联网络信息中心和运行中心的 net,用于非营利组织的 org。而行政区域名有 34 个,分别对应于中国各省、自治区和直辖市。

三级域名用字母(A~Z,a~z)、数字(0~9)和连接符(-)组成,各级域名之间用实点(.)连接,三级域名的长度不能超过 20 个字符。如无特殊原因,通常采用申请人的英文名(或者缩写)或者汉语拼音名(或者缩写)作为三级域名,以保持域名的清晰性和简洁性。

> **相关链接**
>
> **域名备案的目的**
>
> 域名备案的目的是防止在网上从事非法的网站经营活动,打击不良互联网信息的传播。根据中华人民共和国信息产业部第十二次部务会议审议通过的《非经营性互联网信息服务备案管理办法》精神,在中华人民共和国境内提供非经营性互联网信息服务,应当办理备案。未经备案,不得在中华人民共和国境内从事非经营性互联网信息服务。而对于没有备案的网站将予以罚款或关闭。
>
> 资料来源:http://www.miit.gov.cn。

（三）电子商务网站的总体规划

在网站建设前应对市场进行分析，确定网站的目的和功能，并根据需要对网站建设中的技术、内容、费用、测试、维护等做出规划。网站规划对网站建设起到计划和指导的作用，对网站的内容和维护起到定位作用。因此，规划网站是企业建设电子商务网站最重要的环节。

1. 定位网站客户

对于电子商务网站来说，必须清楚网站的目标市场在哪里，目标客户是谁，他们为什么会光顾这个站点。要摸清真正需要或即将需要产品与服务的是哪些人，他们对哪些内容感兴趣，怎样创建一个兴趣圈唤醒客户，用你所提供的信息与服务让客户受益。这些是网站所有设计思想的基础和出发点。

2. 理顺结构和层次

确定建站目的和客户群体后，下一步工作是构架网站内容框架，主要包括网站核心内容、主要信息、服务项目等。在内容框架里，还应注明这些内容的信息来源，哪个部门应该提供哪方面的信息等。

确定内容框架后，就可以设计网站的结构图了。结构图有很多种，如顺序结构、网状结构、继承结构、Web 结构等。网站结构应依据企业网站的内容确定。多数复杂的网站会综合运用到几种不同的结构图。例如，给一家酿酒厂设计网站结构图，在说明酿造工艺过程时，用表示顺序的流程图就比较合适；展示销售网络时，用网状结构图就能更好地体现其销售市场的旺盛和辐射力；叙述公司历史和组织沿革时，用继承结构图就显得简洁明了。画出结构图的目的，是便于有逻辑地组织站点和链接，同时也益于网站制作人员进行分工和协作，及时查漏补缺。

3. 设定网站盈利模式

没有利润的企业肯定是不能长期维持下去的，因此，盈利模式的设定对网站来说是十分重要的。网站的经营收入目标与企业网站自身的知名度、网站的浏览量、网站的宣传力度和广告吸引力、上网者的购买行为对本网站的依赖程度等因素有十分密切的关系。因此，企业网站应该从对上述因素的分析来设定本网站的盈利模式。例如，携程旅行网主要是依靠上网者在本网站进行旅行项目的预订作为网站运作和盈利的基础，通过预订飞机票/火车票和预订旅游景点的客房以及参加旅行团这三个主导产品来获取收入。同时，也以会员制的方式，对旅游景点、旅行社和酒店住宿等在网站上展示宣传收取广告费用。

4. 设定主要业务流程

网上交易流程应当尽量做到对客户透明，使客户购物操作方便，让客户感到在网上购物与在现实世界中的购物流程没有本质的差别和困难。在很多电子商务网站中，上网者都可以找到"购物车""收银台""会员俱乐部"这样熟悉的字眼，不论购物流程在网站的内部操作多么复杂，其面对用户的界面必须是简单和操作方便的。网站内容建设，依据内容确定网页风格，网站的风格必须与主题相符合，同时还应考虑到浏览人群的性格特征。通常，电子商务类的网站比较适合简明大方的风格，而生活服务类的网站则选用温暖亲切的风格较好。例如，DELL 公司创建的 www.dell.com 网站，其主页以简洁的图形突出网站的主题，以蓝色为该网站的基本色，无论是主页还是其后的链接页面都以蓝色为基调，给人以朴素明快的感觉。

5. 合理安排网页内容元素的位置

网页内容元素的位置安排也就是对网页的排版。一个网站往往由多个网页组成，而每个网页又由一些元素组成，如 Logo（图标）、Banner（旗帜条幅）、导航条、文字内容、图片内容、联系方式、版权信息等。对这些网页内容元素进行合理的排版设计是很重要的，目标是使每张网页都能重点突出、层次分明、错落有致、井井有条，切忌把网页搞得主次不分、杂乱无章。

主页是企业在 Internet 上的重要宣传窗口，代表公司的形象。因此在主页中应有企业的标志物，使浏览者一眼就能判别出是谁的主页。网站的所有内容都应能在主页中找到其链接。网页的设计应以醒目为上、一目了然为本，切勿堆砌太多不必要的细节，或使页面纷繁复杂。企业电子商务网站的主页中应包含三项内容：机构名称、提供的产品和服务以及联系方式。

6. 网页中色彩的运用

网页的色彩要为主题内容服务，一个网站应该而且只能有一种主色调。由于色彩富于情感性，因此会对浏览者产生一定的心理效应。

除了主色调之外，一个网站的颜色最多不宜超过 5 种（不包括图片的颜色）。如果网站用色太多，会让人觉得杂乱花哨，同时有不专业的感觉。在新浪商城的网页中，在主色调外，还选用了其他 4 种颜色：用蓝紫色和墨绿色作为栏目的分割，这两种颜色和主色调为同一基色，使页面显得和谐自然；同时选用橙色作为网站导航，以达到突出的效果，从而形成层次感。网面上无论选用哪种颜色，能够很好地为站点的主题内容服务才是根本。

7. 网页中图片的运用

网页制作不能只用文字，过长的文字篇幅会使网页显得单调。在网页中插入图片可以令网页生色不少，但图片也不能用得太多，简单的图片堆砌会让人觉得累赘，而且影响网页的下载速度。所以，网站中的图片既要美观、符合网站的内容，又要少而精，放在最需要的地方，达到画龙点睛的效果，增加网站的吸引力。

网页中合理地运用动画会使网页更加增添生气。常见的动画格式有 GIF 动画和 Flash 动画。Flash 动画通常可以很精彩，变化效果可以更加丰富美观，而且图片大小还可以控制在相对较小的范围内，但它需要安装插件方可浏览；GIF 动画的兼容性更好，但它的颜色和帧数不能太多，否则图片文件会很大。同样，动画图片在一个网页中也不宜出现太多。

8. 网页中的背景音乐

在企业的电子商务网站的主页上，背景音乐的使用需慎重，因为背景音乐会增大网页文件的大小，延长下载时间，也可能不被浏览者喜欢，匆忙离开，使真正重要的内容得不到完全仔细的阅读。但在对产品的介绍过程中加入恰当的、柔和的背景音乐，有时也能使浏览者产生愉悦心理，提高消费者的满意度。

综上所述，决定企业电子商务网站风格最重要的出发点，就是要为网站的主题服务，切实准确地传达网站的信息，方便浏览者阅读。因此，在网页的制作过程中，要综合平衡各方面的因素，呈现给用户一种完整、统一的风格。

(四) 电子商务网站设计原则

1. 首页设计应简洁有力

首页是用户访问网站最多、频率最高的页面，同样也是搜索引擎收录页面的入口。要为后期的 SEO（搜索引擎优化）推广优化提供良好的基础，设计之初就应当在首页设计上下足功夫。网页设计师应当从内容布局入手，采取符合用户体验的交互设计方法，并尽可能地去掉对搜索引擎不友好的设计元素，如 Flash、视频、过多的图片嵌入等；同时，要注意首页文件大小，平衡内容重点的呈现与网页加载速度之间的关系。

2. 网站地图应条理清晰

网站地图是指网站主导航（包括一、二级栏目）的架构链接。从建站的角度而言，网站地图不仅是用户对网站架构的一个快速了解的入口，同时也是搜索引擎用以索引整个网站目录的工具，在网站后期的 SEO 推广当中起到非常关键的作用。

3. 图片设计应短小精悍

图片是每一个网站所必不可少的设计内容。不论是首页的横幅广告，还是内页的横幅广告，甚至文章正文当中的图示，都需要采用最少的图片设计来凸显品牌主题。如果只采取图片堆积，或者是为了让产品或服务内容的表述更为生动而无原则地添加图片，不仅会因图片加载时间过长而影响用户体验，同时还会影响搜索引擎的内容抓取，导致网页无法正常收录而破坏了应有的推广效果。

二、教学活动

（一）活动内容

利用前面的理论知识，为一个小型旅行社制作一个网站建设规划方案。方案包括：网站建设目标、网站需求分析、网站栏目规划、网站总体风格设计。通过方案的设计过程提高学生的沟通能力和分析能力。

（二）活动要求

（1）利用自己所学知识，通过互联网分析旅行社的网站建设目标。

（2）通过电话或直接走访旅行社对其网站建设内容进行需求分析。

（3）把需求分析的资料进行总结，设计网站栏目，确定网站总体风格设计。

（4）实训时间：2 课时。

（三）操作步骤

（1）通过百度等搜索引擎，查找旅行社建设电子商务网站的困惑和急需解决的问题，分析其建站目的。

（2）通过前面分析的结果，具体走访旅行社或者电话沟通完成网站需求分析。需求分析内容包括：网站运行环境、网站的可行性研究、网站主要功能等。

（3）通过小组讨论的方式对需求分析的资料进行总结完成：网站结构图、主页面设计、输入输出页面设计。

（4）通过前期准备形成完整的网站建设规划方案。方案样例如下：

旅行社网站建设规划方案

目　录

1. 前言
2. 网站建设目标
3. 网站需求分析
   3.1　网站运行环境
   3.2　网站的可行性研究
   3.3　网站主要功能
   ……
4. 网站栏目规划
   4.1　网站结构图
   4.2　网站的具体结构
   ……
5. 网站总体风格设计
   5.1　主页面设计
   5.2　输入输出页面设计
   ……

（四）成果展示

旅行社网站建设规划方案评价表

评价项目	评价内容	评价要求	学生自评					小组互评					教师评价				
			1	2	3	4	5	1	2	3	4	5	1	2	3	4	5
网站需求分析	可行性、网站内容	内容准确															
网站栏目规划	网站结构图	层次清晰															
网站总体风格设计	页面设计	符合网站设计原则															
合计得分																	

（五）拓展训练

1. 请在互联网上登录东方网景和新网查看学校域名的注册信息。
   （1）东方网景—— http：//www.east.net
   （2）新网—— http：//www.xinnet.com
2. 请根据本节学习内容为学校重新设计和规划网站。

课后提升

中小企业建站遭遇陷阱

800 元的网站和 8000 元网站有什么不同？很多企业只知道要做网站，却不知道应该做什么样的网站，应该花多少钱做网站。换句话说，一些企业对于网站的需求往往认识不清。

如果只是想通过网站让客户知道企业的联系方式、产品介绍，有简单的沟通功能，那么买一套几百元或者两三千元的建站模板已经可以满足需求。

如果希望网站在竞争对手中差异化，希望网站能够体现品牌的内涵，希望网站的栏目和功能贴合客户需求，那么应该选择定制化网站，这样的网站，至少在 8000 元以上才能保证符合要求。

为什么标准化和定制化的价格相差如此之大呢？

一、所谓标准化网站，是做模板的概念

建设模板就是将企业的需求尽量统一，不管是什么企业，基础的东西都是一样的，只要换上公司名称和栏目名称就行。所谓定制化网站，是做服务和顾问的概念。首先要研究透企业的顾客和竞争对手，再针对顾客需求来规划网站，网站的界面设计、栏目规划、功能规划都是为企业度身定制的。很明显，标准化和定制化网站，在投入的人力和时间成本上有很大的不同，价位上也有较大差异。企业在选择网站公司时，一定要先明确自己的需求，确定是选择标准化网站还是定制化网站，才不会因为投入、产出与心理预期不符而产生落差。

二、建站市场混乱，李逵李鬼鱼龙混杂

网站建设市场依旧处于不成熟的阶段，在搜索引擎搜索"网站建设公司"一词，显示的结果鱼龙混杂，有专业的网站建设公司，更有许多冒牌"李鬼"公司。这些"李鬼"网站建设公司往往拿着一些知名品牌网站来冒充自己的作品，将自己的实力吹得天花乱坠，将客户骗上钩后，就以低劣的产品和服务来敷衍客户，造成客户预期与结果的巨大落差，当客户发觉被骗时，却为时已晚。

案例来源：百度。

巩固提高

一、填空题

1. （　　　　）是由一串用点分隔的名字组成的 Internet 上某一台计算机或计算机组的名称，用于在数据传输时标识计算机的电子方位（有时也指地理位置）。

2. 常见的二级域名有：（　　　）、（　　　）、（　　　）和（　　　）。

二、简答题

1. 电子商务网站建站目的。
2. 电子商务网站设计原则。

任务二
创建电子商务网站

任务描述

当网站设计规划完成后，我们会遇到下列问题：需要使用哪些软件实施网站的建设工作？每种软件有什么特点？在整个建设过程中是什么样的角色？怎么把做好的网站传输到服务器上？怎么让其他人知道你的网站？本节任务就是通过常用网站开发工具，了解网站建设软件环境，掌握网站上传技术及网站推广的方法。

任务目标

本任务要求学生通过相关知识了解网站建设常用工具、常见网页技术以及网站上传方法，掌握常见电子商务网站推广方法及建站流程。

任务实施

一、知识准备

（一）电子商务网站开发工具

1. Dreamweaver（DW）

Adobe Dreamweaver，简称 DW，是美国 Macromedia 公司开发的集网页制作和管理网站于一身的所见即所得网页编辑器。它是第一套针对专业网页设计师特别开发的视觉化网页制作工具，利用它可以轻而易举地制作出跨越平台限制和跨越浏览器限制的充满动感的网页。

Adobe Dreamweaver 使用所见即所得的接口，亦有 HTML（标准通用标记语言下的一个应用）编辑的功能，它有 Mac 和 Windows 系统的版本。

2. Photoshop（PS）

Adobe Photoshop，简称"PS"，是一个由 Adobe Systems 开发和发行的图像处理软件。

Photoshop 主要处理以像素所构成的数字图像。使用其众多的编修与绘图工具，可以更有效地进行图片编辑工作。通常情况下都是先用 PS 来做好效果图，然后让客户确认效果图后再继续其他操作。

3. Fireworks（FW）

Adobe Fireworks 是 Adobe 推出的一款网页做图软件，可以加速 Web 设计与开发，是一款创建与优化 Web 图像和快速构建网站与 Web 界面原型的理想工具。Fireworks 不仅具备编辑矢量图形与位图图像的灵活性，还提供了一个预先构建资源的公用库，并可与 Adobe Photoshop、Adobe Illustrator、Adobe Dreamweaver 和 Adobe Flash 软件省时集成。在 Fireworks 中将设计迅速转变为模型，或利用来自 Illustrator、Photoshop 和 Flash 的其他资源，然后直接置入 Dreamweaver 中轻松地进行开发与部署。

4. Flash（FL）

Flash 是由 Macromedia 公司推出的交互式矢量图和 Web 动画的标准。网页设计者使用 Flash 可以创作出既漂亮又可改变尺寸的导航界面以及其他奇特的效果。

5. Access

Access 属于桌面数据库，是微软把数据库引擎的图形用户界面和软件开发工具结合在一起的一个数据库。如果数据量很小，这是个很不错的选择。

6. SQLserver

SQLserver 是一个关系数据库管理系统。

7. 网站 FTP 传输工具

LeapFTP 与 FlashFXP、CuteFTP 堪称"FTP 三剑客"。FlashFXP 传输速度比较快，但有时对于一些教育网，FTP 站点却无法连接；LeapFTP 传输速度稳定，能够连接绝大多数 FTP 站点（包括一些教育网站点）；CuteFTP 是最为方便的，界面友好，传输速度稳定。虽然相对来说比较庞大，但其自带了许多免费的 FTP 站点，资源丰富。

（二）常见网页开发技术

1. CGI

早期动态网页技术主要采用 CGI 技术，即 Common Gateway Interface（公用网关接口）。可以使用不同的程序编写合适的 CGI 程序，如 Visual Basic，Delphi 或 C/C++ 等。将已经写好的程序放在 Web 服务器的计算机上运行，再将其运行结果通过 Web 服务器传输到客户端的浏览器上。

2. ASP

更精确地说 ASP 是一个中间件，这个中间件将 Web 上的请求转入一个解释器中，在这个解释器中将所有的 ASP 的 Script 进行分析，再进行执行，而这时可以在这个中间件中去创建一个新的 COM 对象，对这个对象中的属性和方法进行操作和调用，同时再通过这些 COM 组件完成更多的工作。

ASP 的强大不在于它的 VBScript，而在于它后台的 COM 组件，这些组件无限扩充了 ASP 的能力。在低的访问量下，ASP 能体现出一定的效率，这时它对机器的要求并不高。

ASP 的缺点也很明显。由于使用了 COM 组件，所以它会变得十分强大，但是这样的强大由于 Windows NT 系统最初的设计问题而会引发大量的安全问题。只要在这样的组件或是操作中稍有不慎，那么外部攻击就可以取得相当高的权限而导致网站瘫痪或者数据丢失。此外，ASP还无法完全实现一些企业级的功能：完全的集群、负载均衡。

3. PHP（Hypertext Preprocessor）

PHP是一种HTML内嵌式的语言（类似于IIS上的ASP）。而PHP独特的语法混合了C、Java、Perl以及PHP式的新语法。它可以比CGI或者Perl更快速地执行动态网页。

PHP能够支持诸多数据库，如MS SQL Server，MySql，Sybase，Oracle等。它与HTML语言具有非常好的兼容性，使用者可以直接在脚本代码中加入HTML标签，或者在HTML标签中加入脚本代码，从而更好地实现页面控制。PHP提供了标准的数据库接口，数据库连接方便，兼容性强；扩展性强；可以面向对象编程。

PHP是一种能快速学习、跨平台、有良好数据库交互能力的开发语言。而正是它的这种能力让Unix/Linux有了一种与ASP媲美的开发语言。它具有良好的安全性。由于PHP本身的代码开放，所以它的代码在许多工程师手中进行了检测，同时它与apache编译在一起的方式也可以让它具有灵活的安全设定。

PHP也有其弱点。首先，数据库支持的极大变化。由于PHP所有的扩展接口都是独立团队开发完成的，同时在开发时为了形成相应数据的个性化操作，所以PHP虽然支持许多数据库，可是针对每种数据库的开发语言都完全不同，让程序员的工作量大大增加。其次，安装复杂。由于PHP的每一种扩充模块并不是完全由PHP本身来完成，需要许多外部的应用库，如图形需要gd库、LDAP需要LDAP库……这样在安装完成相应的应用后，再编进PHP中，这也就是一定要在FreeBSD/Linux/Unix下运行PHP的原因。最后，缺少正规的商业支持。这也是自由软件一向的缺点。国内PHP的开发人员正在快速增加，相信在不久的将来，这样的支持能多起来。

4. JSP

JSP页面由HTML代码和嵌入其中的Java代码所组成。服务器在页面被客户端请求以后对这些Java代码进行处理，然后将生成的HTML页面返回给客户端的浏览器。Java Servlet是JSP的技术基础，而且大型的Web应用程序的开发需要Java Servlet和JSP配合才能完成。JSP具备了Java技术的简单易用，完全面向对象，具有平台无关性且安全可靠，主要面向Internet的所有特点。

JSP的优点：

（1）一次编写，到处运行。在这一点上Java比PHP更出色，除了系统之外，代码不用做任何更改。

（2）系统的多平台支持。基本上可以在所有平台上的任意环境中开发，在任意环境中进行系统部署，在任意环境中扩展。

（3）强大的可伸缩性。从只有一个小的Jar文件就可以运行Servlet/JSP，到由多台服务器进行集群和负载均衡，到多台Application进行事务处理、消息处理；从一台服务器到无数台服务器，Java显示了一个巨大的生命力。

（4）多样化和功能强大的开发工具支持。这一点与ASP很像，Java已经有了许多非常优秀的开发工具，而且许多可以免费得到，并且其中许多已经可以顺利地运行于多种平台上。

JSP 的缺点：

（1）与 ASP 一样，Java 的一些优势正是它致命的问题所在。正是由于为了跨平台的功能，为了极度的伸缩能力，所以极大增加了产品的复杂性。

（2）Java 的运行速度是用 class 常驻内存来完成的，所以它在一些情况下所使用的内存比起用户数量来说确实是"最低性能价格比"了。从另一方面，它还需要硬盘空间来储存一系列的 .java 文件和 .class 文件，以及对应的版本文件。

（三）电子商务网站上传技术——FTP

网页制作完毕，最后要发布到 Web 服务器上，才能够让访问者观看。上传的工具有很多，有些网页制作工具本身就带有 FTP 功能，利用这些 FTP 工具，可以很方便地把网站发布到自己申请的主页存放服务器上。

FTP 是 TCP/IP 网络上两台计算机传送文件的协议，是在 TCP/IP 网络和 Internet 上最早使用的协议之一，它属于网络协议组的应用层。FTP 客户机可以向服务器发出命令来下载文件，上传文件，创建或改变服务器上的目录。大多数最新的网页浏览器和文件管理器都能和 FTP 服务器建立连接。这样在 FTP 上通过一个接口就可以操控远程文件，如同操控本地文件一样。

网站上传以后，要在浏览器中打开自己的网站，逐页、逐个链接地进行测试，发现问题，及时修改，然后再上传测试。全部测试完毕就可以把网址公布，让客户来浏览。

（四）电子商务网站推广宣传

网站已经做好了，但是在 Internet 上，谁也不知道企业的站点，要让公司的网页有更多的人访问，最有效的办法就是进行推广。网站推广是指将网站推广到国内各大知名网站和搜索引擎。笼统地说，就是以产品为核心内容，建立网站和域名注册查询，再把这个网站通过各种免费、收费渠道展示给消费者的一种操作方法。

常见的免费网站推广主要包括：优化网站内容或构架，提升网站在搜索引擎的排名，在论坛、微博等平台发布信息，在其他热门平台发布网站外部链接等；付费推广主要包括：百度推广、谷歌推广、竞价排名等方式。

1. 网络推广类型

（1）按范围分类：对外推广和对内推广。

- 对外推广就是指针对站外潜在用户的推广。主要是通过一系列手段针对潜在用户进行营销推广，以达到增加网站 PV（页面浏览量）、IP、会员数或收入的目的。

- 对内推广是专门针对网站内部的推广。比如，增加用户浏览频率、激活流失用户、增加频道之间的互动等。如果公司有几个不同域名的网站，如何让这些网站之间的流量转化、如何让网站不同频道之间的用户互动，这些都是对内推广的重点。

（2）按投入分类：付费推广和免费推广。

- 付费推广就是需要花钱才能进行的推广，如各种网络付费广告、竞价排名、杂志广告、CPM（每千人成本）/CPC（每点击成本）广告等。付费推广时要考虑性价比。

- 免费推广是指在不用额外付费的情况下就能进行的推广。这样的方法很多，如论坛推广、资源互换、软文推广、邮件群发等。随着竞争的加剧、成本的提高，各大网站的宣传推广都开始倾向采用此种方式。

(3) 按渠道分类：线上推广和线下推广。

- 线上推广指基于互联网的推广方式，如网络广告、论坛群发等。越来越多的传统企业都开始认可线上推广这种方式。与传统方式比，其性价比很有优势。
- 线下推广指通过非互联网渠道进行的推广，如地面活动、户外广告等。由于线下推广通常投入比较大，一般线下推广都是以树立品牌形象或是增加用户黏性为主。如果是为了提升 IP 或是 PV，效果不一定很好，要慎重考虑。

> **相关链接**
>
> **百度推广**
>
> 百度推广是百度国内首创的一种按效果付费的网络推广方式，简单便捷的网页操作可以给企业带来大量潜在客户，有效提升企业的知名度及销售额。每天有超过 1 亿人次在百度上查找信息，企业在百度注册与产品相关的关键词后，就会被主动查找这些产品的潜在客户找到。
>
> 资料来源：百度（http://www.baidu.com）。

2. 电子商务网站常见推广误区

在网站推广过程中，以下问题应注意避免发生：

(1) 滥发垃圾邮件。

(2) 为提交服务花太多钱。

(3) 把大量时间浪费在 Web 垃圾上。

(4) 对搜索引擎的注册草率了事。

(5) 在站点正式启用之前就急于提交。

(6) 向搜索引擎耍花招，不遵循提交规定。

(7) 在 Web 站点目录中放置不慎重。

(8) 无视记录访问量，无视统计工作的重要性。

二、教学活动

（一）活动内容

借助 FTP 软件上传文件，了解 FTP 软件在电子商务网站建设中的作用。通过搜索引擎进行网站推广，体会网站推广方法的重要性。

（二）活动要求

(1) 用 FTP 软件向指定服务器上传网站文件。

(2) 使用 FTP 软件删除、修改服务器文件。

(3) 使用搜索引擎进行网站推广。

(4) 实训时间：2 课时。

（三）操作步骤

1. FTP 文件传输

第一步，打开 FlashFXP，点击"站点"/"站点管理器"。快捷键 F4，见图 2-1。

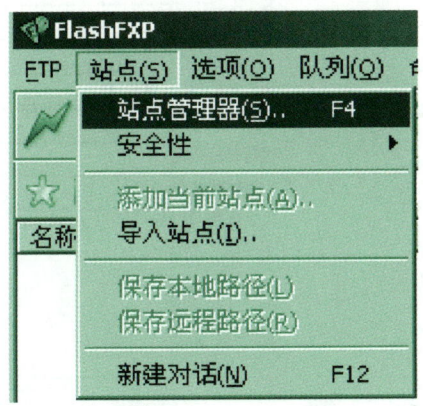

图 2-1　站点管理器

第二步，在"站点管理器"对话框中，点击"新建站点"，在弹出的对话框中，输入一个站点名称，见图 2-2。

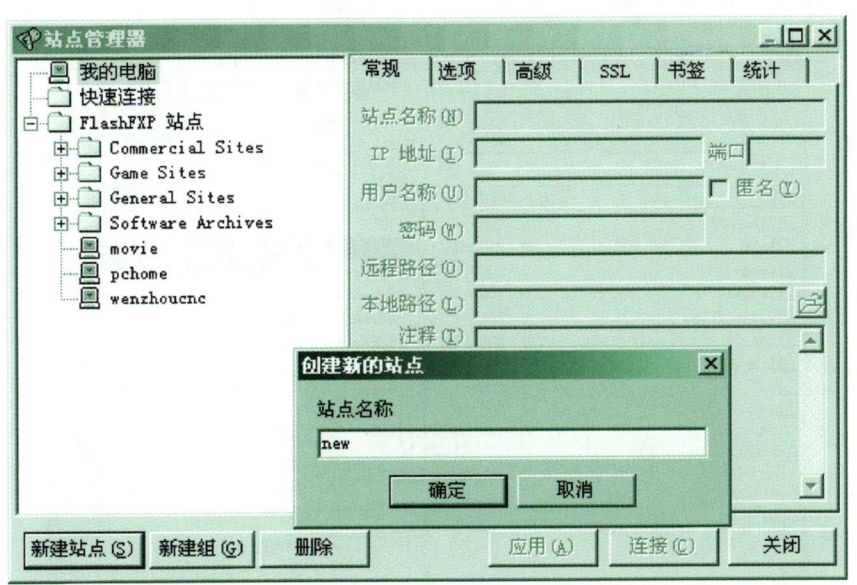

图 2-2　新建站点

第三步，在常规面板，输入 FTP 空间的 IP 地址、端口、用户名称、密码，然后点击"应用"按钮，站点就设置好了。点击"连接"按钮，连接站点，见图 2-3。

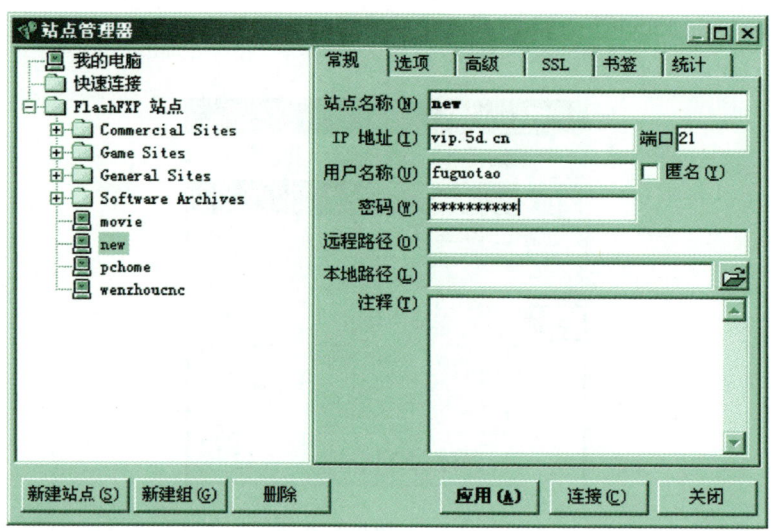

图2-3 设置站点

第四步,连接上站点之后,在本地磁盘,找到要上传的站点目录,选中后右键单击,单击"传输"。上传网站就这样轻易实现了。同样的方法,选中远程空间中的文件或者文件夹,点右键,单击"传输",就可以下载到本地,见图2-4。

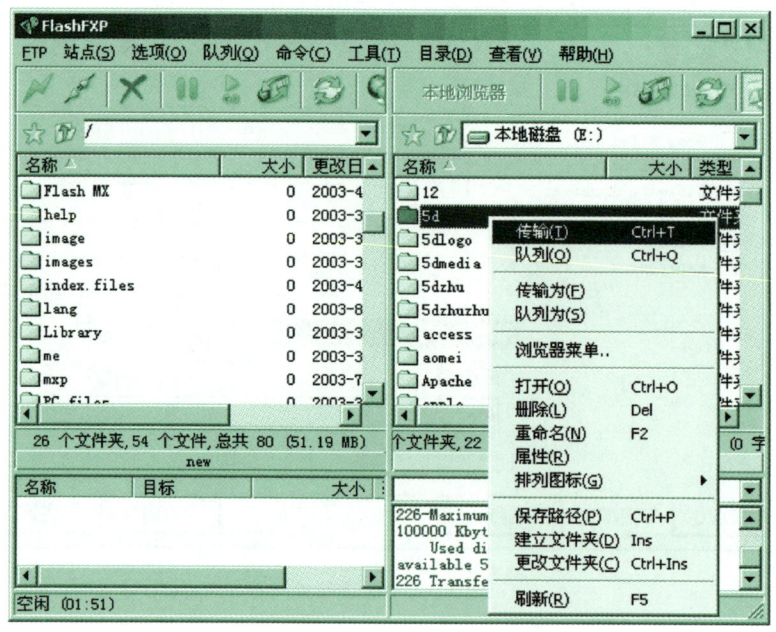

图2-4 上传网站

第五步,连接上站点后,可以在站点目录中对要修改的文件点击右键,进行删除及重命名操作,见图2-5。

项目二 建设电子商务网站

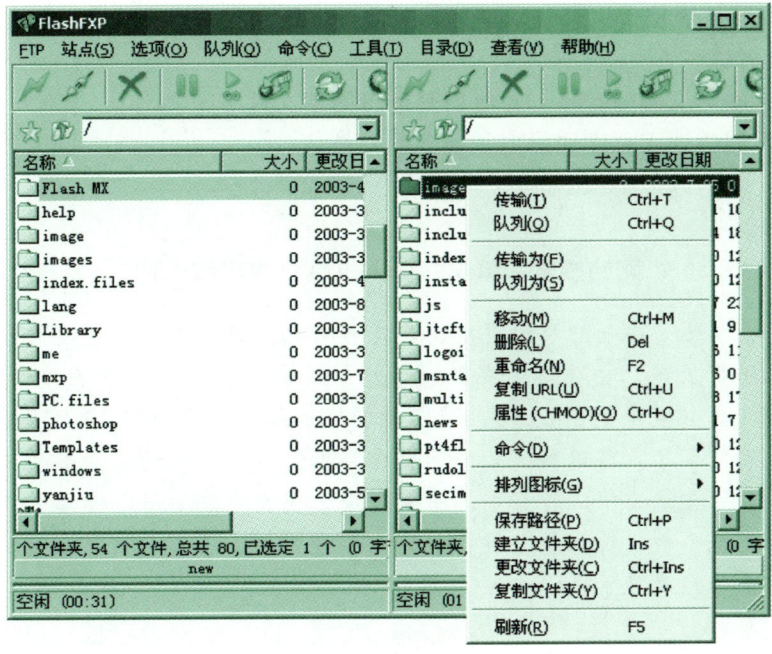

图2-5 站点修改

2. 网站域名搜索引擎注册

第一步，在浏览器中输入百度引擎注册网址：http：//www.baidu.com/search/url_submit.html，见图2-6。

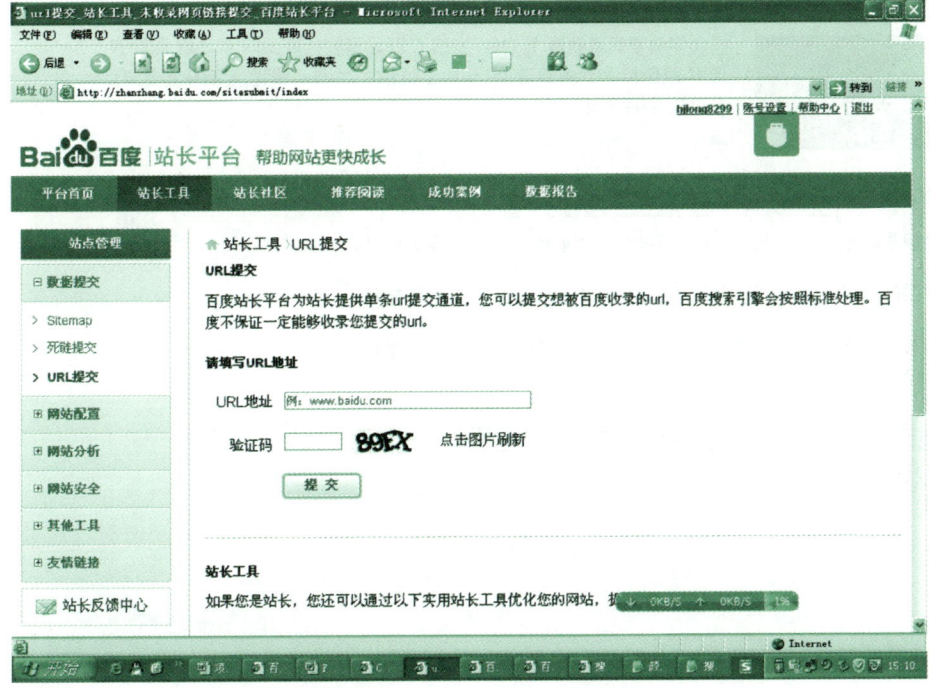

图2-6 百度引擎注册网址

第二步，按照百度搜索引擎要求进行域名注册，把网站域名提交入搜索引擎数据库中。

（四）拓展训练

（1）请在互联网下载 cuteftp，并使用其进行网站文件 FTP 操作。

（2）请同学们尝试用百度注册电子商务网站域名。

课后提升

网站搜索引擎推广——杭州澳美早教机构

澳美教育在杭州是高端的早教机构，公司核心业务是早教，全能全脑开发。目前在网络上的信息不是很多，主要集中在新闻活动这块部分，自身也在百度教育做过 PPC、门户平台投放广告（爱早教、大浙网等）、定向广告等；曾经也跟19楼平台合作过，因为效果不好也就放弃了。橙速科技整合其现状特点，将它定位为：为杭城家庭提供高端的优质早教服务。在这个推广过程中，围绕高端、全能全脑展开了后续的推广工作。核心关键词包括杭州早教、杭州早教机构、杭州早教中心，排名为主，结合口碑，实现澳美全网正面的品牌形象展示。

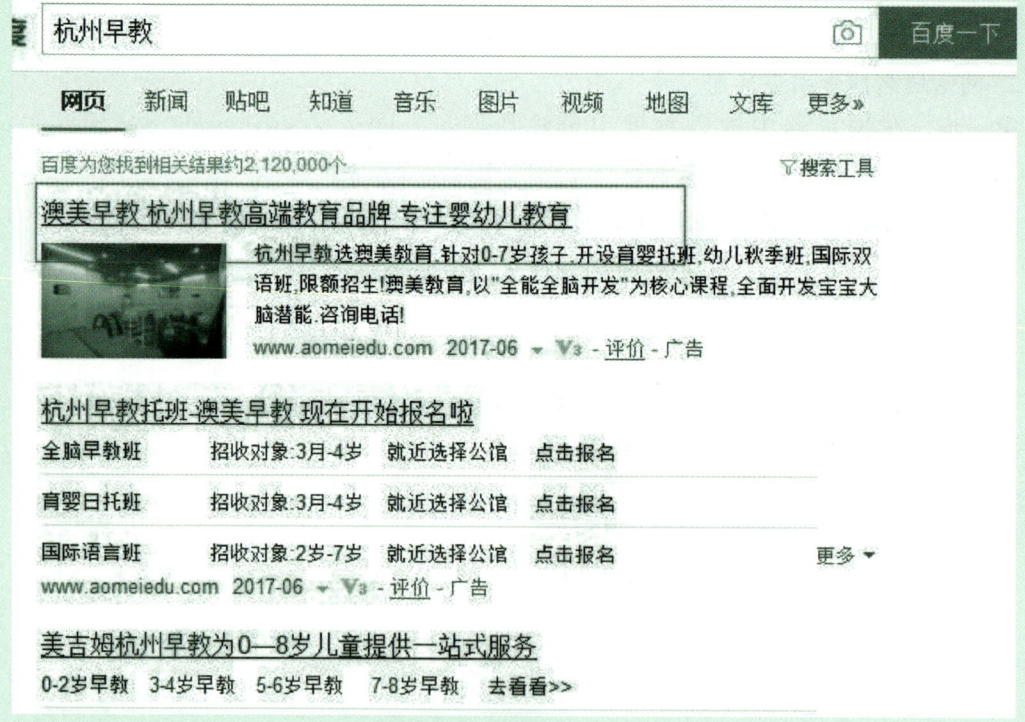

网站搜索引擎推广（1）

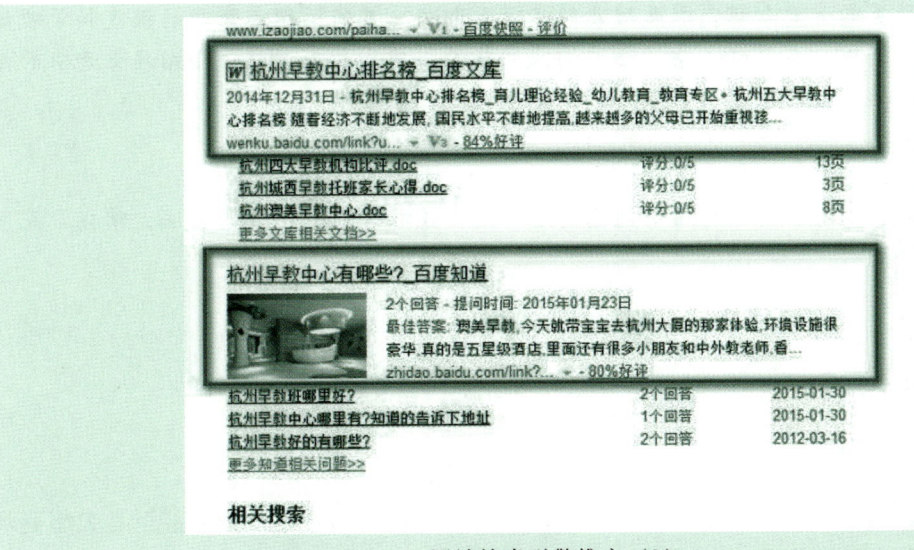

网站搜索引擎推广（2）

搜索引擎营销是目前互联网营销领域较为通行的做法，蒙牛、拼多多、华为都使用过搜索引擎营销。

资料来源：百度。

巩固提高

一、填空题

1. （　　　　）页面由 HTML 代码和嵌入其中的 Java 代码所组成。
2. 网站 FTP 常用工具为（　　　　）、（　　　　）和（　　　　）。

二、简答题

1. 简述电子商务网站推广的主要方式。
2. 简述电子商务网站常见推广误区。

任务三
网上商店的搭建和管理

 任务描述

很多人都曾经在淘宝等网店买过东西，也对开网上商店很有兴趣，但都觉得开网店的过程很复杂,需要很多的专业知识,因而对开网店望而却步。其实,网上商店的搭建和管理过程并非想象得那样困难。本节任务就是通过淘宝网店的搭建和管理过程,介绍网上开店的基本流程及网店推广的方法。

任务目标

本任务要求学生通过相关知识了解网上商店的建设流程、商品上传的方法,掌握常见网上商店的管理技巧。

任务实施

一、知识准备

(一)网店的优势

网店通过互联网面向全国乃至全球的消费者,这个潜在市场是单个商店甚至是大型商场都无法相提并论的。只要商品有特色,经营得法,网店每天都会带来成千上万的客流量,大大增加销售收入。因此,网上开店的优势很多。

(1)投资少,回收快。一项针对中国中小企业的情况调查显示,个人在网下启动销售公司的平均费用至少5万元,而网上开店建店成本非常小。一般来说,筹办一家网店投入很小,不用去办营业执照,不用去租门面,不用囤积货品。网店比同等规模的实体商店"租金"要低得多,同时租金不会因为营业面积的增加而增加,投资者也不用为延长营业时间而增加额外的费用。

(2)基本不需要占压资金。实体店每次的进货资金少则几千元,多则数万元,而网店则不需要,完全可以在有了订单的情况下再去进货或者请厂家代为发货。

(3)不受店面空间的限制。实体商店的生意大小受到店面面积大小的限制,而网店经营商品的多少不受店面的限制,只要投资者愿意,可以罗列成千上万种商品。目前国内最大的专业拍卖网站同时在线的商品要超过百万件,已超过一些大超市。

(4)不受地理位置影响。这令消费群体突破了地域的限制,销售地域变得无限广阔。

(二)网店管理——选择经营的产品

在网上开店管理很重要,其中选择经营的产品是重中之重。目前个人店铺的网上交易量比较大的包括服装服饰、化妆品、珠宝饰品、手机、家居饰品等。这些商品经营量大,但竞争激烈,利润低。如何选择赚钱、有市场个性、有市场差异、有市场潜力的产品,应该从以下几个方面考虑:

1. 寻找有市场个性的产品

有市场个性的产品、有市场差异点的产品最赚钱、最有市场潜力。阿里巴巴的批发商就提供了很多有市场个性和差异的商品。

2. 关注外贸产品

外贸产品因其质量、款式、面料、价格等优势,一直是网上销售的热门品种。可以考虑一些外贸生产企业去选择其产品。

3. 买入品牌积压库存

有些品牌商品的库存积压很多，一些商家干脆把库存全部卖给专职网络销售卖家。品牌商品在网上是备受关注的产品之一，很多买家都通过搜索的方式直接寻找自己心仪的品牌商品。而且不少品牌虽然在某一地域属于积压品，但由于网络覆盖面广的特性，完全可使其在其他地域成为畅销品。如果能以低廉的价格把库存"吃"下来，一定能获得丰厚的利润。

4. 当地的批发市场

可以多跑地区性的批发市场，去大规模的批发市场淘货。通过和一些批发商建立良好的供求关系，能够拿到第一手的流行货品，而且能够保证网上销售的低价位。

5. 与阿里巴巴网站上的企业建立分销关系

现在阿里巴巴网站上的很多企业都建立了自己的分销系统，有专人为网店和商城发货。有的厂家有分销平台或数据包，直接联系厂家就可以了，拿到厂家提供的资料上传到自己的网店，有客户订货后再付款给厂家，让厂家代发货就可以了。这种方式既不用投资，又增加了销售的品种，是一个很不错的方式。

总之，找到货源后，可先进少量的货试卖一下，如果销量好再考虑增大进货量。在网上，有些卖家和供货商关系很好，往往是商品卖出后才去进货，这样既不占用资金又不会造成商品的积压。总之，不管是通过何种渠道寻找货源，低廉的价格是关键因素。找到了物美价廉的货源，网店就有了成功的基础。

（三）建立网店的基本流程

虽然各种网店层出不穷，但其建立的流程基本相似。基本步骤如下：

第一步，选择网店的建立平台。国内较好的平台有淘宝、京东等。由于网店建设和经营具有一定的难度，需要经验的积累，因此在初次建立网店时，最好进行多方调研，选择适合自己产品特点和经营者个人爱好、具有较高访问量的电子商务平台。

第二步，在开店平台进行会员注册及身份认证。各平台进行会员注册及身份认证时，往往都要求实名制：开店人的身份证和各种金融卡或金融服务捆绑认证。

第三步，进行网店基本设置，主要包括店铺名称、店铺类别、店铺介绍、显示设置、购物流程、商品显示设置及短信设置等。

第四步，商品发布。网店建好之后，即可发布商品。需要为商品进行分类，巧妙而又清晰的分类，可以引导顾客方便地查找网店中的商品。发布某个具体商品时，应该确认好商品价格、图片、详细介绍等参数。一篇富有煽动性而又真诚的商品介绍，会大大提高顾客的购买欲望，但是最好不要直接复制网上找来的介绍文字。

（四）网店的推广方式

网店，主要通过论坛宣传、交换链接、好友宣传等方式进行推广。

1. 论坛宣传

论坛宣传的主要方法就是通过发广告帖和利用签名档。如果有允许发布广告的板块，可以发广告帖，内容一定要详细，商品图片一定要精美，并保持定期更新和置顶。可以在论坛上更改签名档，更改为网店的网址、店标、宣传语以及店名等。

2. 交换链接

为了提升人气，可以和热门的店铺交换链接，这样可以利用不花钱的广告宣传自己的小店。比如，淘宝网就提供了最多35个友情链接。

3. 好友宣传

网店开业后，可以让周围的朋友和家人进行宣传，如在阿里巴巴、MSN Messenger 上向好友发布网店的消息，将自己的个性签名改成含有网店地址的内容。这样，一传十、十传百，就会有越来越多的人知道。

二、教学活动

（一）活动内容

通过淘宝网店的建立过程，了解网店的建立流程及商品管理的方法。

（二）活动要求

（1）淘宝用户注册。

（2）支付宝实名认证。

（3）淘宝开店认证。

（4）淘宝开店及上传商品。

（5）实训时间：2课时。

（三）操作步骤

1. 淘宝用户注册

登录 http://www.taobao.com 点击页面最上方的"免费注册"。在打开的页面中，输入会员名、密码、电子邮件等信息，单击"同意以下服务条款，提交注册信息"按钮。然后，注册的邮箱会收到一封确认信息邮件，打开其中的链接，确认之后，就完成了用户注册（见图2-7）。

图2-7 淘宝注册页面

2. 支付宝实名认证

"淘宝网"规定只有通过实名认证之后，才能开店售货。所以在注册用户之后，还要进行相应的认证（包括个人实名认证和支付宝认证两个过程）。具体的操作步骤如下：

步骤一，登录淘宝网，点击页面上方的"我的淘宝"。在打开页面中，点击"想卖宝贝先进行支付宝认证"文字旁边的"请点击这里"。

步骤二，在打开的页面中，会提示还没有激活支付宝账号，点击"点击这里完成支付宝账号激活"。在弹出的页面中输入真实姓名、证件类型及号码、支付宝密码等内容，单击"保存并立即启用支付宝账户"按钮。

步骤三，激活支付宝账号成功后，回到原来的页面，按下 F5 键刷新页面。单击"申请支付宝个人实名认证"按钮，阅读支付宝认证服务条款之后，单击"我已经阅读……"按钮继续。

步骤四，首先根据提示填写个人信息，单击"下一步"；接着，选择身份证件核实。可以选择"在线上传"或"邮寄"身份证件复印件，单击"下一步"；然后，输入银行卡信息，包括开户行、银行卡号、省份/城市等，输入完成后，一日内等待支付宝汇款。

步骤五，一日之后，重新打开"我的淘宝"，在认证区域点击相应的链接打开"支付宝认证"页面，在"银行账户核实"区域点击"确认汇款金额"，然后输入支付宝向你的银行账号注入的资金数目，单击"确定"按钮即可。如果金额核对无误，便完成了淘宝的整个身份认证过程。

3. 淘宝开店认证

步骤一，登录淘宝网，点击"卖家中心"→"我要开店"→"免费开店"。

步骤二，在开店认证后面点击"立即认证"，如图 2-8 所示。

图 2-8　淘宝开店认证

步骤三，上传手持身份证头部照及上半身照。

4. 淘宝开店

认证成功后在卖家中心中点击免费开店，根据提示填写店铺名称、店铺标志、店铺类目、经营类型等信息，如图 2-9 所示。

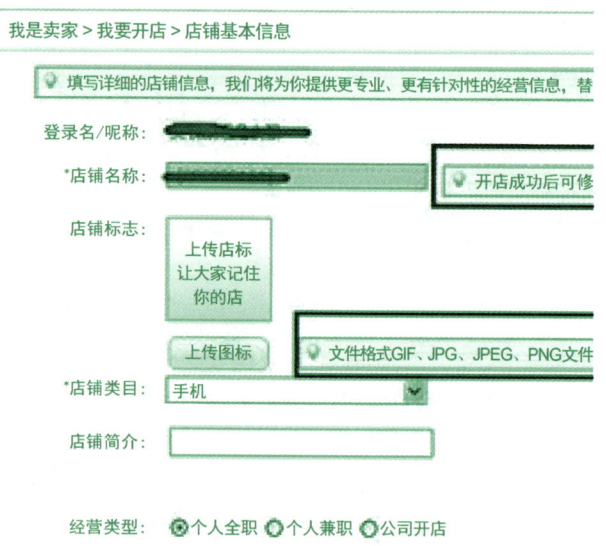

图 2-9 店铺基本信息

完成了店铺信息填写，即可开启个人在淘宝开店铺的生涯，会出现店铺地址，要谨记。

5. 上传商品

步骤一，登录淘宝网，在页面上方点击"我要卖"。在打开的页面中，可以选择"一口价"或"拍卖"两种发布方式，这里选择单击"一口价"。

友情提示："一口价"有固定价格，买家可以立即购买；"拍卖"无底价起拍，让买家竞价购买。

步骤二，选择类目，根据自己的商品选择合适的类目。比如选择了"邮币/古董/字画/收藏/字画书法碑帖/国画/走兽"的宝贝详情。单击"选好了，继续"按钮继续下一步。

步骤三，填写宝贝信息，这一步非常重要。首先，在"宝贝信息"区域取一个好的标题，单击"浏览"按钮来上传宝贝图片，输入宝贝描述信息、宝贝数量、开始时间、有效期等；接着，在"交易条件"区域输入宝贝的售价、所在地、运费、付款方式等内容；其他信息保持默认设置即可，比如默认使用支付宝支付等。最后，单击"确认无误，提交"按钮来发布该宝贝。

如果发布成功，下面会出现一个成功页面。点击"这里"可以查看发布的宝贝页面，点击"继续发布宝贝"可以继续发布宝贝。

在店铺运行中可以根据需要进行产品的下架、库存等内容管理。

（四）拓展训练

在拍拍网进行开店学习，并进行开店申请，提交商品，完成开店过程。

提示：拍拍网的网址是：http://www.paipai.com/。

课后提升

宅男淘宝创业：从负债累累到千万营业额

又是一年开学季，而杭州电子科技大学生命信息和仪器工程学院模式识别专业研三学生宁沛然，已经是一家年营业额超 2000 万元的天猫户外用品店店主了。

成功并非一帆风顺。宁沛然第一次创业失败的代价十分惨重，不仅把父母给的近 20 万元都亏光了，还背上了 10 余万元的外债。但是他没有气馁，从 2011 年底到 2012 年底，他先帮朋友的羽绒服公司开拓电子商务市场，在"光棍节"（2011 年 11 月 11 日）当天卖出三四百万元的货物，后又在东阳一家卖打底裤的公司里做出过单月上百万元的业绩。但因为理念冲突、个人原因等，两次合作都不长久，以失败告终。接连三次的不成功创业，留给宁沛然的是 10 余万元堆积货物、近 20 万元的债务和一辆宝马车。

百感交集之下，已经在 2012 年初回到学校继续读研的宁沛然将自己怎样将打底裤店一个月卖到上百万元的经历写成帖子，发在了国内某著名电子商务网站上。令他意外的是，正是这个无意写成的帖子为他的淘宝创业带来了柳暗花明的新契机。"帖子发出没几天，我就接到了好几个猎头电话，要给我介绍各种需要找人手开拓电子商务市场的公司。"山东一家户外用品公司负责人来杭州找宁沛然谈合作。"当时我的几张信用卡余额都是 0，透支了最后 200 元，给汽车加了点油。在机场接到人后，带他去下沙的饮料店谈事情。"宁沛然说，因为自己没有筹码，他唯有用签军令状的方式说服了该负责人。"他们原先在杭州就有电子商务网店。我跟他签订协议，我第一年销售量肯定超过之前网店的一倍，即 40 万元。否则我分文不取。"直到签下协议，因为囊中羞涩，宁沛然都没能去山东实地看一下货物。宁沛然说，这是一场他自认胜券在握的"赌博"。"虽然这个牌子在户外用品里没啥名气，但属于蓝海行业。而且分析淘宝的市场会发现，淘宝目前不论品牌，只要你有运营推广技巧，就能卖出产品。"迄今，宁沛然的户外用具淘宝店已经运营了 10 个月，每个月的营销额都能达到 200 万元左右，已经远远超出了当初协议约定的数额。

"前三次的失败经验起到了重要作用，特别是在东阳的网店工作结束后，我突然觉得自己已经悟透了淘宝经营的成功之道，有种打通任督二脉的感觉。"宁沛然说，除了积累下的淘宝人脉外，管理、运营管理和推广优化是最主要的成功因素。"通过经验反复测试和对图片美感的掌控，我能让 1 块钱广告产出 10 块钱的营业额。"

资料来源：中国新闻网。

巩固提高

简答题

1. 简述淘宝网开店的操作流程。
2. 写出网上开店可以选择的网站。

课后习题：
建设电子商务网站

项目三 了解网络营销

学习目标

- 理解网络营销的含义、特点及基本职能
- 掌握网络市场调研的程序、网络信息搜集的方法
- 能够对网络市场调研与传统调研进行比较分析,并制作产品调研问卷
- 了解网络营销的策略,能够合乎规范并熟练地制定网络营销策略报告
- 熟练应用网络营销的常用方法与推广技巧

任务一 理解网络营销的内涵

任务描述

网络环境和电子商务的出现,彻底改变了传统市场营销理论和实务存在的基础。随之而来的是营销环境变了,市场变了,因而营销和管理模式都发生了根本的改变,于是产生了网络营销。较之传统营销,网络营销带来了一系列的变革和影响。当一个个经典的网络广告不经意间跳出来与你见面,当一封封营销类的电子邮件出现在你的邮箱里,当你在自己的微信、微博、QQ界面上感受着无处不在的网络营销,你是否感叹这世界变化太快,这时代变化太大,这生活是不是变得更精彩了呢……

任务目标

本任务要求从网络营销的含义、特点、基本职能等方面加深对网络营销的理解，比较分析网络营销与传统营销的区别与联系，以便更加全面地认识这一新型的营销方式，从而更加深刻地理解网络营销的内涵。

任务实施

一、知识准备

（一）网络营销的含义

1. 什么是网络营销

网络营销目前国际上并没有统一的定义，由于研究人员对网络营销的研究角度不同，对网络营销的理解和认识也千差万别。我们从营销的角度出发，将其定义为：**网络营销是企业整体营销战略的一个组成部分，是建立在互联网基础之上，借助互联网特性来实现一定营销目标的一种营销活动。**

> **相关链接**
>
> **"网络营销"的多种译法**
>
> （1）Cyber Marketing 主要指网络营销是在虚拟的计算机空间（Cyber，计算机虚拟空间）进行运作；
>
> （2）Internet Marketing 是指在 Internet 上开展的营销活动；
>
> （3）Network Marketing 是在网络上开展的营销活动，同时这里的网络不仅仅指 Internet，还可以是一些其他类型的网络，如增值网（VAN）等；
>
> （4）E-Marketing 是目前比较习惯和经常采用的翻译方法，"E-"表示电子化、信息化、网络化，既简洁又直观明了，而且与电子商务（E-Business）、电子虚拟市场（E-Market）等对应。
>
> 资料来源：职业培训教育网（http：//www.chinatat.com）

2. 对网络营销含义的理解

为更好地把握网络营销这一概念，我们可以从以下几个方面进行理解：

（1）网络营销是手段而不是目的。网络营销具有明确的目的和手段，但网络营销本身不是目的，它是营造网上经营环境的过程，是综合利用各种网络营销方法和工具实现企业营销目的的手段。网络营销的目的是更有效地促成个人和组织交易活动的实现。

（2）网络营销不是孤立的。网络营销是企业整体营销战略的一个组成部分。无论网络营销处于主导地位还是辅助地位，都是互联网时代市场营销中必不可少的内容。

（3）网络营销不只是在网上销售。网络营销是为实现产品销售目的而进行的一项基本活动。网上销售是在网上开展的商品交易活动，网络营销不只是在网上销售，其作用表现在多个方面，如提升企业品牌价值、加强与客户之间的沟通、拓展对外信息发布的渠道、改善顾客服务等。网络营销的目的并不仅仅是促进网上销售,很多情况下,网络营销活动不一定能实现网上直接销售的目的,但可能促进网下销售的增加,并且增加顾客的忠诚度。

(4) 网络营销不单纯是一种网络技术。网络营销是在 Internet 基础上发展起来的,但这并不表示网络营销只是一种网络技术。网络是手段,营销才是实质。只有依托网络这一先进的技术,营销活动才能更有效、更成功地开展。

(5) 网络营销不等于电子商务。网络营销是电子商务的基础,电子商务是网络营销的前提,开展电子商务离不开网络营销,但网络营销并不等于电子商务。

(二) 网络营销与传统营销

网络营销作为一种新兴的营销渠道,它并非一定要取代传统营销,而是利用信息技术的发展,来创新与重组营销渠道。不论是传统营销还是网络营销,营销的目标都是使顾客的需要和欲望得到满足。网络营销只不过是借助互联网、电子通信和数字交互式媒体的力量来实现这一目标。网络营销和传统营销二者之间既有联系又有区别。

1. 网络营销与传统营销的联系

网络营销与传统营销在本质上是一样的,都需要企业通过一系列经营活动,如市场调查、研究顾客的购买行为、确定产品内容、合理确定价格、确定分销策略、进行广告宣传等,最终达到产品销售、满足顾客需求的目的。网络营销其实就是传统营销与互联网的交集,二者之间的关系如图 3-1 所示。

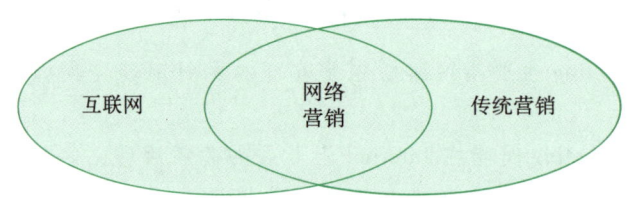

图 3-1 网络营销和传统营销之间的关系

(1) 有着相同的目标,都是使顾客的需要和欲望得到满足和满意,只不过借助网络,网络营销更容易,也能更好地实现营销的目标;

(2) 营销的基本要素仍然是产品、价格、促销和渠道这四个方面,只是这四个要素的内容有了新的变化;

(3) 二者往往互相配合,并行不悖,谁也无法取代谁。网上营销手段可为传统商务服务,传统营销手段也可为网上的电子商务服务。

因此说,网络营销并非独立的,而是企业整体营销策略的重要组成部分,网上营销与网下营销相结合形成一个相辅相成、互相促进的营销体系。

2. 网络营销与传统营销的区别

网络营销作为一种新的营销理念和营销方法,已经成为全球市场营销发展的趋势,并具有无可替代的功能和优异的特点。网络营销是传统市场营销在网络环境下的继承、发展和创新。网络营销较之传统营销,从理论到方法都有了很大的变化,这种变化表现在:

(1) 理念的转变。不论是网络营销还是传统营销,都要确定目标群体。但是从理论上来讲,消费者是不同的。传统营销很难将目标消费者的需求从广大消费者中剥离出来。

网络营销的出现，使大规模目标市场向个人目标市场的转化成为可能。通过网络，企业可以收集大量信息来反映消费者的不同需求，从而使企业的产品更能满足顾客的个性化需求。

（2）沟通方式的转变。营销活动需要商家采用不同的方式和手段将商品信息传递给消费者。传统的信息传递方式是单向的，内容是单一的，消费者往往是被动地接受。网络营销环境下，这种信息的传递和沟通方式发生了变化：

● 信息输送的改变。传统营销采用媒体广告、公关等方式向消费者提供单向的信息传输，信息传送后，企业难以及时得到消费者的反馈信息，因此企业生产经营策略和营销方式的调整往往会滞后一步。消费者总处于被动地位，他们只能根据广告了解产品大概的内容，很难进一步地得到有关产品功能、性能等详细的指标。

互联网的出现使传统的单向信息沟通模式转变为交互式营销信息沟通模式成为可能。企业以交互式信息沟通方式，一方面把信息及时地、源源不断地传递给消费者和公众，另一方面在网络上可以随时搜集市场反应，从而最大限度地促进与购买者和潜在购买者之间的信息沟通。企业通过互联网为用户提供丰富、翔实的产品信息，用户通过网络向企业反馈信息。这是网络营销与传统的市场营销差别最大的一点。

● 信息内容更丰富。传统营销中，信息传播的直接途径是传统广告。在报纸、杂志、广播、电视等传统媒体上发布广告，企业可能会投入巨额资金，但所达到的营销目标也许只是企业的形象宣传，对产品的性能、特征、功效却无法进行深入的描述与刻画。互联网的出现在很大程度上弥补了传统营销在沟通方式上存在的不足。互联网在理论上具有无限的信息储存和传输空间，企业可以在网上利用各种不同类型的方式，为用户提供丰富翔实的产品信息以及所有与产品有关的其他信息，即使在一句十分简短的广告语中，企业也可能通过链接的方式很容易地将客户带到他所感兴趣的、宣传企业产品和服务的页面上。

（3）营销策略的改变（见图3-2）。传统营销中常用的是4P组合策略，即产品（Product）、价格（Price）、渠道（Place）和促销（Promotion）。如果一个营销组合中包括合适的产品、恰当的价格、有效的分销和促销策略，那么这将是一个成功的营销组合。

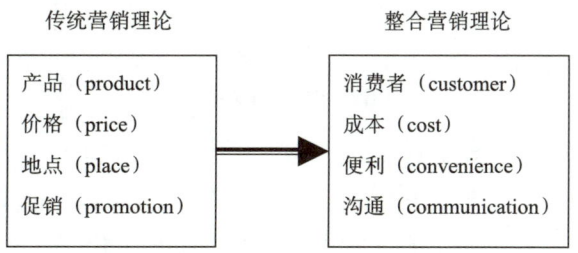

图 3-2　4P 营销理论到 4C 营销理论的转变

随着市场竞争的日益激烈，产品、价格、营销手段愈发趋于同质化，互相模仿的现象比较严重，新环境下的企业营销实践需要新理论的指导和补充，4C 理论应运而生。4C 包括消费者的需要及欲望（Consumer wants and needs）；消费者获取满足的成本（Cost to satisfy wants and needs）；消费者购买的方便性（Convenience to buy）；消费者的沟通（Communication）。不管是强调 4P 还是追求 4C，任何一种观念都必须基于这样一个前提：企业必须由产品的设计阶段就开始充分考虑消费者的需求与意愿。网络环境下,企业可以通过电子公告栏、在线论坛和电子邮件等方式,与消费者进行信息的沟通和反馈,提高消费者的参与程度和积极性,使企业的决策有的放矢,从根本上提高消费者的满意度。

(4) 网络营销对传统营销的冲击。

对产品的冲击:通过互联网,企业可以在全球范围内进行市场调研,可以迅速获得关于产品概念和广告效果测试的反馈信息,也可以测试顾客的不同认知水平,从而更加容易地对消费者行为方式和偏好进行跟踪。因此,在互联网大量使用的情况下,满足消费者的个性化需求是完全可以实现的。

对价格的冲击:在互联网普及的今天,企业产品的定价策略将改变以企业为主导的现状,顾客将成为价格确定的主体。如果公司某种产品的价格高于其他厂家,客户将会通过互联网认识到这种价格的差异,并可能因此而放弃购买本公司的产品。所以,相对于目前的各种传统媒体来说,互联网先进的网络浏览功能会使变化不定的且存在差异的价格水平趋于一致。

对渠道的冲击:在传统营销渠道中,中间商是其重要的组成部分,营销中间商借助其业务往来关系、经验、专门化和规模经营,提供给公司的利润通常高于自营商店所能获取的利润。但互联网的发展和商业应用,使传统营销中间商凭借地缘原因获取的优势,被互联网的虚拟性所取代,改变了过去传统营销渠道的诸多环节,将错综复杂的关系简化为单一关系。

对顾客关系的冲击:互联网提供内容广泛的产品或者服务信息,并把这种内容同便捷的沟通和通信环境结合起来,创造一个能大面积产生并传播信息的环境。当互联网这个虚拟的社会在组织信息和进行信息交易时,网络信息中介商应运而生,它使顾客在与卖主讨价还价时处于主动的地位,帮助消费者向卖主索取更多的价值。互联网的特征在市场营销中所起到的主要作用在于使顾客这一角色在整个营销过程中的地位得到提升。网络这一互动的特性使消费者能真正参与到整个营销活动的过程中,消费者不仅增强了参与的主动性,而且其选择的主动性也得到了加强。这就要求企业建立起以服务为主的经营理念,以顾客为中心,为顾客提供适时、适地、适情的服务,使消费者的个性化需求不断得到满足,建立起对公司产品的忠诚意识,使企业和顾客的关系变得非常紧密。

相关链接

可口可乐也改打网络营销

可口可乐公司一度开展了主题为"要爽由自己,冰火暴风城"的嘉年华,在短短两天时间里,共有超过2万名青少年参加了以网络游戏《魔兽世界》为主题的嘉年华。可口可乐公司正是看好这款游戏在青少年中的影响,与暴雪娱乐和第九城市共同合作推出这样的促销活动,在4000万份奖品中就包括限量版《魔兽世界》经典英雄人物玩偶及配饰,以及在线游戏时间等。"这是将传统营销模式与互联网平台进行的完美结合,是一次网络时代的市场革新。"可口可乐(中国)饮料有限公司市场战略及创新总经理苏柏梁强调,这是传统快速消费品公司和电子娱乐公司首次合作在中国进行市场推广。

长期以来,可口可乐一直通过体育和音乐这两个主要平台与青年人沟通。可口可乐开通的 iCoke 网络平台，以音乐、娱乐咨询、游戏等多元化内容，吸引了大批年轻消费者浏览。"网站开通 4 个星期，就有 1500 万人次浏览了该网页。"苏柏梁表示，相信互联网在中国的迅速普及，为可口可乐网络营销市场的开拓提供了巨大空间和创新机会。

资料来源：新浪网科技时代（http://tech.sina.com.cn）。

（三）网络营销的特点

网络营销是以现代电子技术和通信技术的应用与发展为基础，与市场的变革、竞争以及营销观念的转变密切相关的一门新学科。网络营销相对于传统市场营销，在许多方面都具有明显的优势，带来了一场营销观念的革命。

1. 跨时空

网络营销是依托网络技术发展起来的，互联网具有的超越时间约束和空间限制的特点也必然形成了网络营销的特点。从时间概念上看，企业通过互联网可以向消费者提供一年 365 天，每周 7 天，每天 24 小时不间断的服务。从空间概念上看，互联网没有地域的限制，从而降低了产品成本，甚至可以实现零库存经营。

2. 多媒体

互联网这一媒体形式可以将文字、音频、视频有机结合起来，以多媒体形式进行信息交换，充分发挥营销人员的创造性和能动性。

3. 交互式

互联网的交互是指信息"推"和"拉"的过程。"推"是指企业将需要传递的商品信息通过互联网推广出去，推到消费者面前；"拉"是指消费者在互联网上搜寻所需要的信息。这一推一拉，实现了交互式的"零距离"信息沟通，将互联网环境下的营销活动做到了极致。

4. 个性化

通过互联网，消费者和企业之间进行交互式的信息传递，消费者在搜寻自己所需信息的同时，也可以将自己的意见和建议反馈给企业，企业借此分析目标消费者的市场需求，开展切实可行的营销活动，以满足消费者的个性化需要。网络营销最大的特点在于以消费者为主导，消费者拥有更大的选择自由。因此，互联网上的交易活动帮助企业实现了与消费者的一对一营销。

5. 经济性

通过互联网这一虚拟的环境进行产品销售，大大减少了租金、水电、人工等产品的销售费用，降低了产品的成本，消费者可以低价购买所需商品。同时，资源的广域性，地域价格的差异性，交易双方的最短连接性，市场开拓费用的锐减性，无形资产在网络中的延伸增值性，以及所有这一切对网络营销经济性的影响，都将极大地降低交易成本，给企业带来经济利益。

> **相关链接**
>
> 美国迪莱公司曾对本企业的销售进行调查,结果表明:上网促销的活动成本只相当于直邮活动的30%;产生的销售线索增加了50%,其中75%的线索被定为合格,而直邮的合格率只有18%。由于这些线索是通过网络来搜集传播,后期管理费用又节省了70%。
>
> 资料来源:中国网(http://www.china.com.cn)。

(四) 网络营销的主要内容

网络营销作为在互联网上开展的营销活动,基本营销目的与传统营销是一致的,即为企业产生直接经济效益,区别主要表现在营销工具的采用、营销的实施与操作过程有所不同。网络营销是实现企业营销目标的新型营销方式和手段,其内容非常丰富,主要包括以下几项:

1. 网上市场调查

市场调查是开展营销活动的首要步骤。网上的市场调查主要是利用互联网的交互式信息沟通渠道来实施调查活动。它包括直接的网上问卷调查和通过网络收集的二手资料。利用Internet进行市场调查时,重点是如何利用有效工具和手段实施调查和收集整理资料。获取信息不再是难事,关键是如何在信息海洋中获取想要的资料信息并分析出有用的信息。

2. 网上消费者行为分析

网上消费者是一个特殊的群体,在开展营销活动之前必须深入了解网上用户群体的需求特征、购买动机和模式,并对此进行分析、研究,寻找出网络消费者的独特之处,有针对性地进行营销决策。

3. 网络营销策略制定

网络营销的理论是在传统营销的基础之上发展起来的,应结合网络特点,制定切实可行的营销策略。

4. 网络广告

作为网络营销最常用的促销工具之一,网络广告具有传统广告不可比拟的优势。网络广告主要是运用专业的广告横幅、文本链接、多媒体的方法,在互联网上发布广告,通过网络传递到用户的一种高科技广告运作方式。与传统的四大传播媒体(报纸、杂志、电视、广播)广告及近来备受垂青的户外广告相比,网络广告具有得天独厚的优势,是实施现代营销媒体战略的重要部分。

5. Email营销

Email营销作为一种营销方式,随着网络技术和Email的普及而迅速地发展,已经成为企业常用的网络营销手段之一。它是通过把文本、HTMl或多媒体信息发送到用户的电子邮箱,以达到营销目的。与电话推销、邮寄推销信等传统的营销方法相比,Email营销具有方便、快捷、成本低等特点。

6. 网络营销战略计划

网络营销竞争的优势在于能够以最快、最准确的方式获取顾客信息,并能将产品说明、促销、顾客意见调查、广告、公共关系、顾客服务等各种营销活动整合在一起，进行一对一的沟通，不受时间和地域的限制，达到营销组合所追求的综合效益。为此，企业应制定相应的网络营销战略，提供比竞争者更有价值、更有效率的产品和服务，扩大市场营销规模，实现企业的战略目标。

（五）网络营销的基本职能

网络营销的基本职能表现在八个方面：网络品牌、网站推广、信息发布、销售促进、网上销售、顾客服务、顾客关系、网上调研。

（1）**网络品牌**：网络营销的重要任务之一就是在互联网上建立并推广企业的品牌，使企业的网下品牌在网上得以延伸和拓展。无论是大型企业还是中小企业，都可以用适合自己企业的方式展现品牌形象，通过一系列的推广措施，达到顾客和公众对企业的认知和认可，通过网络品牌的价值转化实现持久的顾客关系和更多的直接收益。

（2）**网站推广**：获得必要的访问量是网络营销取得成效的基础，尤其对于中小企业，由于经营资源的限制，发布新闻、投放广告、开展大规模促销活动等宣传机会比较少，因此通过互联网手段进行网站推广的意义显得更为重要，这也是中小企业对于网络营销更为热衷的主要原因。网站推广即使对于大型企业也是非常必要的，虽然许多大型企业有较高的知名度，但利用网站宣传企业良好的形象，推广企业优质的产品，维持客户的忠诚度，仍是十分重要的。因此，网站推广是网络营销最基本的职能之一，是网络营销的基础工作。

（3）**信息发布**：网络营销的基本思想就是通过各种互联网手段，将企业营销信息以高效的手段向目标用户、合作伙伴、公众等群体传递，因此信息发布就成为网络营销的基本职能之一。互联网为企业发布信息创造了优越的条件，不仅可以将信息发布在企业网站上，还可以利用各种网络营销工具和网络服务商的信息发布渠道向更大的范围传播信息。

（4）**销售促进**：市场营销的基本目的是为最终增加销售提供支持，网络营销也不例外。各种网络营销方法大多直接或间接地具有促进销售的效果，同时还有许多针对性的网上促销手段。这些促销方法并不限于对网上销售的支持，事实上，网络营销对于促进线下销售同样很有价值，这也就是为什么一些没有开展线上销售业务的企业一样有必要开展网络营销的原因。

（5）**网上销售**：网上销售是企业销售渠道在网上的延伸，一个具备网上交易功能的企业网站本身就是一个网上交易场所。网上销售渠道建设并不限于企业网站本身，还包括建立在专业电子商务平台上的网上商店，以及与其他电子商务网站不同形式的合作等。因此，网上销售并不仅仅是大型企业才能开展，不同规模的企业都有可能拥有适合自己需要的在线销售渠道。

（6）**顾客服务**：互联网提供了更加方便的在线顾客服务手段，从形式最简单的FAQ（常见问题解答），到电子邮件、邮件列表，以及在线论坛和各种即时信息服务等。在线顾客服务具有成本低、效率高的优点，在提高顾客服务水平方面具有重要作用，同时也直接影响到网络营销的效果，因此在线顾客服务成为网络营销的基本组成内容。

> **相关链接**
>
> ### FAQ 是什么意思
>
> FAQ 是英文 Frequently Asked Questions 的缩写,中文意思就是"经常问到的问题",或称为"常见问题解答"。在很多网站上都可以看到 FAQ,列出了一些用户常见的问题,是一种在线帮助形式。
>
> 在网络营销中,FAQ 被认为是一种常用的在线顾客服务手段,一个好的 FAQ 系统,应该至少可以回答用户 80% 的一般问题,这样不仅方便了用户,也大大减轻了网站工作人员的压力,节省了大量的顾客服务成本,并且增加了顾客的满意度。因此,一个优秀的网站,应该重视 FAQ 的设计。
>
> 资料来源:百度文库(http://wenku.baidu.com)。

(7)**顾客关系**:顾客关系对于开发顾客的长期价值具有至关重要的作用,以顾客关系为核心的营销方式成为企业创造和保持竞争优势的重要策略。网络营销为建立顾客关系、提高顾客满意度和顾客忠诚度提供了更为有效的手段,通过网络营销的交互性和良好的顾客服务手段,增进顾客关系成为网络营销取得长期效果的必要条件。

(8)**网上调研**:网上市场调研具有调查周期短、成本低的特点,网上调研不仅为制定网络营销策略提供支持,也是整个市场研究活动的辅助手段之一,合理利用网上市场调研手段对于市场营销策略具有重要价值。

网络营销的各个职能之间并非相互独立的,而是相互联系、相互促进的,网络营销的最终效果是各项职能共同作用的结果。网络营销的职能是通过各种网络营销方法来实现的,同一个职能可能需要多种网络营销方法的共同作用,而同一种网络营销方法也可能适用于多个网络营销职能。网络营销的八项职能也说明,开展网络营销需要用全面的观点,充分协调和发挥各种职能的作用,让网络营销的整体效益最大化。

二、教学活动

(一)活动内容

(1)网络营销对象调查分析(网上消费者行为分析)。

(2)FAQ 文件的分析与制定。

(二)活动要求

(1)要求学生 4 人一组,小组分工合作完成活动内容。

(2)各小组将以上实训内容的调查结果分别汇总成两个文档,并发送至教师邮箱。

(3)实训时间:2 课时。

(三)操作步骤

(1)各组组长对实训任务进行合理分工,开展网络营销对象的调查。要求调查本市各个区域互联网用户的总体规模和特征、用户性别与年龄、学历与身份、收入状况、上网接入设备情况、上网时间地点、上网费用、用户的兴趣爱好及消费行为等内容,并分析不同区域消费者网上消费行为的特点,以及形成的原因,组长负责将调查结果形成文档保存。

（2）查询多个自己熟悉的企业网站，分析 FAQ，比较网络客户服务的异同。为某具体企业设计一个 FAQ 页面，并将页面保存发送至教师邮箱。

（四）拓展训练

利用模拟平台，完成网络营销模块技能练习题如下（所需要的其他信息自定义，×××代表学生登录账号的后三位）：

（1）李文发布一条类型为"IT 行业"的文字广告，标题与内容均为"×××交换机大减价！"，链接地址为"http：//www.liwen×××.com"。

（2）刘力在一家软件公司从事销售工作，为了增加对公司的宣传，发布了一条标题为"×××新款管理软件上市，欢迎使用"、内容与标题一致的"合作类型"的商业信息，发布后搜索并查看该条商业信息。

（3）王芳发布一条类型为"国内资讯"、标题为"××手机让利酬宾"、内容与标题一致的商业新闻。

课后提升

网络营销的常见问题列表（FAQ）

- 什么是知识营销？
- 知识营销与网络营销的关系？
- 什么是网络营销？
- 网络营销的基本概念。
- 网络营销与电子商务的关系。
- 网络营销与网上销售的关系。
- 网络营销与传统营销的关系。
- 为什么网络营销不应被称为虚拟营销？
- 什么是网络营销的职能？
- 什么是网络营销信息传递模型？
- 为什么说网络营销的实质是营造网上经营环境？
- 开展网络营销需要具备哪些基础条件？
- 网络营销包含哪些内容？
- 什么是病毒性营销（病毒式营销）？
- 病毒性营销与病毒有什么关系？
- 病毒性营销有哪些常见形式？
- 病毒性营销成功的关键是什么？
- 什么是博客营销？

资料来源：百度文库（http：//wenku.baidu.com）。

"五粮液，让世界更和美"——网络营销案例

五粮液集团公司主要生产大曲浓香型白酒。五粮液用小麦、大米、玉米、高粱、糯米5种粮食发酵酿制而成，在中国浓香型的酒中独树一帜。五粮液是中国最高档的白酒之一，同时也是中国三大名酒之一。

作为"酒王"的高端白酒品牌五粮液，也在广告及营销方式上悄然发生着改变。在"品牌年轻化"的大趋势下，2016年中秋，以"五粮液，让世界更和美"为主题的营销，通过微电影、纪录片视频营销，微博、微信营销，电商促销、线下活动推广等网络营销手段，从微电影到全民约酒，从线上玩到线下，"酒王"开始真正走进寻常百姓家。

一、营销渠道

微电影、微博、视频网站、微信、电商（京东、酒仙网、天猫、1919、苏宁、工行融e购）、线下。

二、营销手段

微电影、纪录片视频营销，微博微信营销，电商促销，线下活动推广。

（1）九月中，五粮液发布了两个微电影，内容很有感染力，成功激发了年轻一代的情感共鸣。

（2）配合微电影的广泛传播，五粮液提出"这个中秋，你最想举杯相约的那个人是谁？"的话题，在微博发起线上约酒活动。

（3）五粮液根据真实的酒局故事拍摄了一系列纪录片，进行视频网站投放。

（4）在活动上线第一周，联合包括京东、酒仙网、天猫、1919、苏宁、工行融e购六大电商平台，启动"和美中秋"五粮液专场活动促销。

（5）相继在全国七大营销中心城市——郑州、成都、苏州、沈阳、北京、广州、西安，开展了"和美盛宴，万店浓香"活动。

三、营销效果

视频网站：微电影的曝光量已突破6100万次。

微博："让世界更和美"话题曝光量达到2亿次，最高登上新浪微博热门话题总榜Top6。

销售额：六大电商平台总销售额相比上年同期增长了90.9%。

不管五粮液的品牌或产品是年轻还是老派，是高高在上还是接地气，这杯白酒通过对目标年轻用户进行深度研究，借助互联网时代的优势，展开精准、有效的品牌传递，扩大了自己的品牌忠诚度势力范围。

资料来源：百度文库（http://wenku.baidu.com）。

> 巩固提高

一、填空题

1. 网络营销是建立在互联网基础之上的，借助互联网的特性来实现一定（　　　）的一种营销活动。
2. 开展营销活动的首要步骤是（　　　）。
3. 网络营销最大的特点在于以（　　　）为主导，使其拥有更大的选择空间和自由。
4. （　　　）是网络营销最基本的职能之一，是网络营销的基础工作。

二、简答题

1. 简述网络营销与传统营销之间的关系。
2. 简述网络营销的特点。
3. 简述网络营销的主要内容。
4. 简述网络营销的基本职能。

任务二
分析掌握网上市场调查技巧

任务描述

网上市场调查作为了解市场的手段，它能为企业建立起自身的调研数据库，以企业的视角来分析市场的变化，更能及时地提供市场信息，因而网上市场调查是现代企业必须了解的信息化手段。

网络的发展，带来了信息爆炸，大量资源的共享，大大丰富了营销市场信息调研的资料来源，扩展了传统的市场调查方法。如何有效地开展网上市场调查，如何搜集和整理网络商务信息，如何进行商情分析等，对企业来说至关重要。

任务目标

要求学生能够掌握网上市场调查的概念、特点、方法，比较分析网上市场调查与传统市场调查的区别，并能够根据网上市场调查方法设计调查问卷，实施网络调研，撰写调查报告。能够根据需要，采用不同的方法，对网络商务信息进行处理。

任务实施

一、知识准备

（一）网上市场调查

1. 网上市场调查的含义和特点

（1）含义。网上市场调查，是指在互联网上针对特定营销环境进行简单调查设计、资料搜集和初步分析的活动，为企业的网上营销决策提供数据支持和分析依据。

市场调查有两种方式，一种是直接搜集第一手资料，如问卷调查、专家访谈、电话调查等；另一种是间接搜集第二手资料，如报纸、杂志、电台、调查报告等资料。因此，利用互联网进行的网上市场调查（简称"网上调查"），相应也有两种方式：

- 网上直接调查：利用互联网直接进行问卷调查等方式搜集一手资料。一般适合于针对特定问题进行的专项调查。具体有问卷调查法、网上观察法、网上实验法、在线交流调查法等。

- 网上间接调查：利用互联网的媒体功能，从互联网搜集二手资料。对于企业来说，主要搜集与企业营销相关的市场、竞争者、消费者以及宏观环境等信息，这也是目前企业用得最多的网上调查方法。具体方法有：利用搜索引擎搜集资料、利用公告栏搜集资料、利用新闻组搜集资料、利用 Email 搜集资料。

（2）特点。网上市场调查的实施可以充分利用 Internet 作为信息沟通渠道，它的开放性、平等性、自由性、广泛性和直接性的特性，使得网上市场调查具有传统的市场调查手段和方法所不具备的一些特点和优势。

- 真实性。网上调查问卷是被调查者自愿填写的，因此，填写者一般对调查内容有一定的兴趣，回答问题也相对认真，因此问卷的填写内容基本上都是个人意思的真实表示。信息的可靠性有助于调查结论的客观和公正。

- 及时性。网上调查的调查结果可以立即呈现，同时还可以利用网络工具软件进行信息整理和结果分析。

- 广泛性。网上调查是 24 小时全天候的调查，可以突破时空限制，能尽可能多地搜集到相关标的的信息，这种调查外延的广泛性是传统调查无法比拟的。

- 便捷性。网上调查只需要通过网上站点发布电子调查问卷，由被调查者按照提示信息单击鼠标就可以完成全部调查，尤其是在调查问卷的发放和填写、远距离调查、实时显示调查结果和快速完成综合调查分析报告等方面，都体现了网上调查的便捷性。

- 交互性。交互性是网上调查的一大特色和优势。网上调查不仅可以了解和体现被调查者的看法和意见，而且可以充分地倾听被调查者的建议和看法，这种鼓励多向思维的做法，不仅使网上市场调查更真实，而且这种交互的过程中搜集到的多方面信息可以使企业准确全面地把握市场动态，避免和减少决策中的失误。

- 共享性。网络的开放性使得网上调查具有共享性，这种共享可以使每一个浏览者共享，也可以使每个企业对阶段调查成果进行在线查看。尤其是对那些点击率非常高的产品，查看的过程本身就能起到一种潜在助销的作用。

2. 网上市场调查的程序

（1）选择合适的搜索引擎。网上搜索引擎很多，应该选择那些有代表性的主流搜索引擎。

（2）确定调研对象。网络市场调研的对象主要有两类：

- **企业产品消费者**：消费者在网上购物必然要访问企业的站点，利用企业主页提供的分类、目录或搜索引擎工具，浏览商品的说明、功能、价格、付款方式、送货与退货条件、售后服务等方面的信息。企业市场营销调研人员可通过互联网跟踪消费者，了解他们对企业产品的意见和建议。

- **企业竞争者**：现有企业之间的竞争、新竞争者的加入与替代品的出现形成了主要的行业竞争，它们之间相互影响、相互制约。通过对行业竞争者的分析，可以了解本企业在行业中所处的地位、所具有的竞争优势与不足，以便制定企业战胜各种竞争力量的对策。竞争者又可以分为三类：行业内现有的竞争企业、新加入者、替代品。

（3）查询相关调研对象。确定了调研对象后，市场调研人员即可通过电子邮件、新闻组、BBS、网站等进行相关查询。

（4）确定适用的信息服务。正因为互联网上提供的各类信息浩如烟海，所以市场营销调研人员应确定适用的信息服务，主要考虑以下因素：

- 被选择的信息服务所提供信息的来源；
- 信息是否符合本企业市场营销调研的具体要求；
- 信息内容是否及时得以更新和补充；
- 信息是以什么方式传递到用户手中，能否直接传送到个人计算机上；
- 在网络上分享信息或下载打印信息是否有特殊的规定。

（5）信息的加工、整理、分析和运用。对从互联网上获得的市场调研信息，应根据调研的目的和用途进行认真的筛选、分类、整理等科学的加工，并形成规范的市场调研报告，以供有关企业决策者参考。

（二）网络商务信息的搜集与处理

互联网为我们提供了一个海量的信息库。拥有这样巨大的信息资源，无疑要比利用传统信息渠道获取信息更便捷。然而，要想在大量的信息资源中找到自己所需要的准确信息，就一定要在网络商务信息的搜集和处理上下功夫。

1. 网络商务信息概述

（1）网络商务信息的概念。网络商务信息是指存储于网络，并在网络上传播的与商务活动有关的各种信息的集合，通常是指商业消息、数据、情报、知识等。只有通过计算机网络传递的商务信息，包括文字、数据、表格、图形、影像、声音以及内容能够被人或计算机察知的符号系统，才属于网络商务信息的范畴。

（2）网络商务信息的特点。

- 时效性强——网络商务信息更新及时、传递速度快，只要信息搜集者及时发现信息，就可以保证信息的时效性。
- 准确性高——网络信息的搜集绝大部分是通过搜索引擎获得的，信息传递的中间环节少，减少了信息的误传和更改，有效保证了信息的准确性。
- 存储方便——网络商务信息可以方便地从互联网下载到个人计算机上，并通过计算机进行信息的管理。

● 检索困难——在浩瀚的网络中找到适合本企业情况的信息，需要相当一段时间的经验积累。随时随地产生的信息垃圾堆积如山，使信息的检索很困难。

（3）网络商务信息的类型。从网络商务信息本身所具有的总体价格水平，可以按照等级将其划分为以下四种类型：

● 免费商务信息。这类信息主要是社会公益性信息，大约占信息库数据量的5%。这类信息主要是一些信息服务商为了扩大自身的影响力，从这些信息获得的社会效益上得到回报，推出的一些方便用户的信息，如在线免费软件、实时股市信息等。

● 收取较低费用的信息。这类信息主要是一般性的普通类信息。由于这类信息的采集、加工、整理、更新比较容易，花费也较少，是较为大众化的信息。这类信息占信息库数据量的10%~20%，只收取基本的服务费用，不追求利润，如一般性文章的全文检索信息。

● 收取标准信息费的信息。这类信息主要是知识、经济类的信息，收费采用成本加利润的资费标准。这类信息的采集、加工、整理、更新等比较复杂，要投入一定的费用。同时信息的使用价值较高，提供的服务层次较深。这类信息大约占信息库数据量的60%，网络商务信息大部分属于这一范畴。

● 优质优价的信息。这类信息是具有极高使用价值的专用信息，信息一旦被用户采用，将会给企业带来较高的利润，给用户带来较大的收益。如重要的市场走向分析、网络畅销商品的情况调查、新产品新技术信息、专利技术以及其他独特的专门性的信息等，是信息库中成本费用最高的一类信息，可为用户提供更深层次的服务。

2. 网络商务信息的搜集

（1）基本要求。网络商务信息搜集，是指为了更好地掌握和使用网络营销信息而对其进行的聚合和集中。

信息搜集是网络营销中很重要的一步，利用互联网可以找到大量的商业情报、目标客户的信息和市场反应与投放效果等营销信息。

网络营销离不开信息。有效的网络商务信息必须能够保证源源不断地提供适合于网络营销决策的信息。网络营销对网络商务信息搜集的要求是：及时、准确、适度和经济。

● 及时。就是迅速、灵敏地反映销售市场发展各方面的最新动态。信息都是有时效性的，其价值与时间成反比。及时性要求信息流与物流尽可能同步。由于信息的识别、记录、传递、反馈都要花费一定的时间，因此，信息流与物流之间一般会存在一个时滞。尽可能地减少信息流滞后于物流的时间，提高时效性，是网络商务信息搜集的主要目标之一。

● 准确。是指信息应真实地反映客观现实，失真度小。在网络营销中，由于买卖双方不直接见面，准确的信息就显得尤为重要。依据准确的信息才可能做出正确的市场决策。信息失真，轻则会贻误商机，重则会造成重大的损失。

● 适度。是指提供信息要有针对性和目的性，不要无的放矢。没有信息，企业的营销活动就会完全处于一种盲目的状态，而信息过多过滥也会使得营销人员无所适从。在当今的信息时代，信息量越来越大，范围越来越广，不同的管理层次又对信息提出不同的要求。在这种情况下，网络商务信息的搜集必须目标明确，方法恰当，信息搜集的范围和数量要适度。

● 经济。这里的"经济"是指如何以最低的费用获得必要的信息。追求经济效益是一切经济活动的中心，也是网络商务信息搜集的原则。应当明确，我们没有能力也不可能把网上所有的信息全部搜集起来，信息的及时性、准确性和适度性都要求建立在经济性基础之上。此外，提高经济性，还要注意使所获得的信息发挥最大的效用。

（2）信息搜集的困难。互联网所涵盖的信息远远大于任何传统媒体所包含的信息，人们在互联网上遇到的最大困难，是如何快速、准确地从浩如烟海的信息资源中找到自己最需要的信息，这已经成为困扰全球网络用户的最主要问题。在互联网上检索信息困难通常与下列因素有关：

- 互联网信息资源多而分散；
- 网络资源缺乏有效的管理；
- 网络信息良莠不齐；
- 各种检索软件的方法不统一。

（3）信息搜集的方法。针对上述困难，计算机专家和信息管理专家积极地探索和开发了一系列检索软件，并将其用于网络资源的管理和检索，取得了很大进展。为了充分利用这些检索软件，必须使用一定的技巧来缩小检索范围。

- 明确检索目标；
- 使用布尔操作符、引号或括号、通配符会改善检索过程；
- 充分利用索引检索引擎。

3. 网络商务信息的处理

（1）网络商务信息的储存。信息的储存就是把获得的大量信息用适当的方法保存起来，为进一步的信息加工处理打基础。信息保存的方法主要是根据信息提取频率和数量，建立一套适合需要的信息库系统。

（2）网络商务信息的整理。搜集和储存的信息往往是片段的、零散的，不能反映信息系统的全貌，甚至可能还有一些过时的和无用的信息。信息的整理是将获取和储存的信息条理化和有序化的工作，其目的在于提高信息的价值和提取效率。这项工作一般分为以下几个步骤：

第一步，明确信息来源。下载信息时，要将确切的网址下载下来。对于重要信息，一定要有准确的信息来源，没有下载信息来源地，一定要重新检索补上。

第二步，浏览信息。从互联网在线下载的文件，由于时间的限制，一般都沿用原有网站提供的文件名。这些文件名基本都是由数字或字母构成的，以后使用起来很不方便。因此，从网上下载文件后，需要将文件重新浏览一遍，添加文件名。

第三步，信息分类。从互联网上搜集到的信息非常凌乱，必须通过整理才能使用。分类方法，可以采用专题分类法，也可以建立自己的检索系统。前一个方法比较简便。

第四步，初步筛选。在浏览和分类过程中，对大量信息有一个初步筛选的任务。完全没有用的信息应当及时删除。但应当注意，有些信息单独看起来是没有用的，但积累起来就有价值了，要注意发现、保留。

（3）网络商务信息的加工。信息加工，是指把搜集来的大量原始信息进行筛选和判别、分类和排序、计算和研究、著录和标引、编目和组织，使之成为二次信息的活动。

信息加工的步骤是：

第一步，筛选判别，去粗取精。通过认真地筛选和判别，去除假信息和无用的信息。

第二步，分类排序，规则系统。把初始的、凌乱的、孤立的信息进行分类和排序，使之成为规则的、有序的、系统的二次信息，才能存储、检索、传递和使用。

第三步，分析研究，综合创新。搜集来的信息可以经过分析比较、计算研究，创造出新的信息。

第四步，著录标引，方便使用。搜集来的原始信息杂乱无章，只有通过著录标引，使零次信息变成二次信息，才能便于信息的存储、检索、传递和使用。

第五步，目录组织，便于检索。提供目录组织作为检索的指南，可以省去很多查找信息的精力和时间。

（4）网络商务信息的发布。经过加工处理，形成有效的网络商务信息后，我们可以利用电子邮件、BBS、新闻组、QQ、微信等网络工具将商务信息发布到互联网上。网络商务信息发布可分为：产品信息的发布、供求信息的发布、论坛信息的发布、招聘信息的发布、企业动态的发布等。

二、教学活动

（一）活动内容

（1）网络商务信息的搜集与发布。

（2）制作关于"大学生网上购物方向和消费习惯"的网络营销市场调查问卷。

（二）活动要求

（1）要求学生4人一组，小组分工合作完成活动内容。

（2）各小组将以上实训内容分别以文档形式发送至教师邮箱，文档标题标清组别与实训内容。

（3）实训时间：2课时。

（三）操作步骤

（1）利用搜索引擎等工具，在互联网上搜集关于"最适合在网上销售的商品"信息；在BBS论坛上注册成为用户，发布关于"如何学好电子商务专业"的信息。

（2）要求每组制作一份关于"大学生网上购物方向和消费习惯"的调查问卷，题目自拟，数量不少于15个。注意问题的描述要简洁明了，答案选项要准确合理，考虑问题要全面。组长最后负责统稿并保存文档。

（四）拓展训练

（1）利用电子商务模拟平台，在网络营销模块中制作并发布上述调查问卷，并对调查结果进行分析汇总。

（2）在电子商务模拟平台中选择网络营销模块，了解商业报告的撰写要求和内容，撰写一份关于校园消费规范的商业报告，并将其发布到模拟平台上。

> 课后提升

CNNIC 的互联网调查

一、案例背景介绍

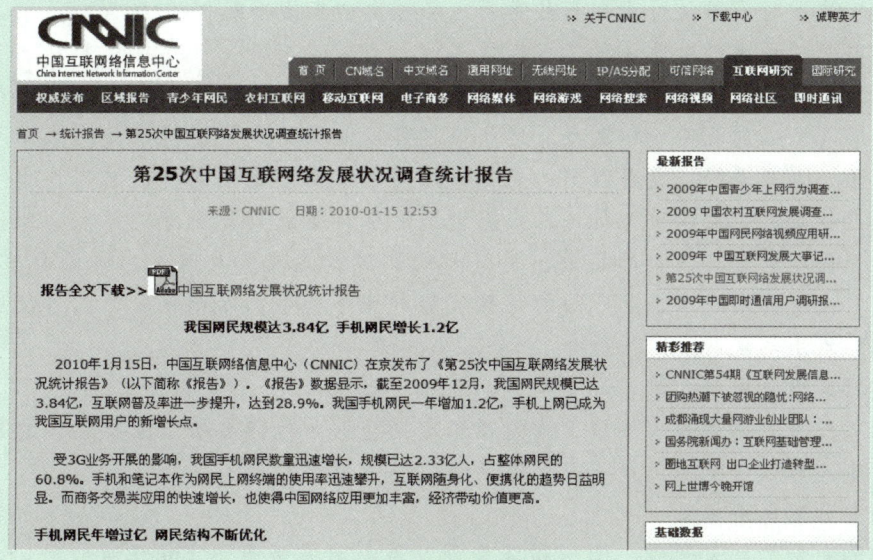

CNNIC 互联网调查

二、CNNIC 在线调查所存在的问题及建议

（1）问卷设计的限制；
（2）样本数量难以保证；
（3）人口统计信息的准确性；
（4）被调查者的作弊行为；
（5）问卷调查问题的选项设计。

三、案例评析

CNNIC 第六次中国互联网存在的问题表明，网上在线调查并非仅仅在网站放置一份调查表那样简单，要获得有价值的调查结果，需要从优化问卷设计、吸引尽可能多的参与者、反馈结果的复查等多方面进行努力。

资料来源：百度（http：//www.baidu.com）。

> 知识拓展

网上消费者行为调研技巧

一、调整调查问卷内容组合以吸引访问者

网络调研的最大优势是可以极方便地随时调整、修改调查问卷上的内容，可以实现不同调研内容的组合，比如产品的性能、款式、价格以及网络订购的程序、如何付款、如何配送产品等。

二、监控在线服务

企业营销调研人员可通过监控在线服务来掌握了解访问者主要浏览了哪类企业、哪类产品的主页，挑选和购买何种产品等基本情况，进而经过统计分析，对顾客的地域分布、产品偏好、购买时间以及行业内产品竞争态势做出初步的判断和估计。

三、利用电子邮件有针对性地跟踪目标顾客

市场调研人员通过获取的顾客或潜在顾客的电子邮件地址，向他们发出有关产品和服务的询问，顾客可以发表建议和期望，这些信息可以使调研人员把握产品的市场潮流以及消费者心理、消费爱好、消费倾向的变化，从而不断调整企业的产品结构和市场营销策略。更重要的是，企业调研人员可以跟踪到访问者浏览过其他企业的站点，或阅读过有关杂志的产品广告主页，对产品做出进一步的比较和选择，及时做出差别化宣传，在企业站点主页上着重描述本企业产品的特殊优势和服务特色，以此吸引访问者使其尽可能在本企业站点上实现网上购买行为。

四、创建顾客服务中心小组

企业调研人员可以邀请若干位最忠诚的顾客定期会面，他们会给企业提供改进顾客服务的意见，企业可以付给他们报酬或者提供给他们免费产品。

五、定期与顾客保持联系

为顾客订阅免费的电子刊物，询问顾客当网站更新时是否可用 Email 通知他们。每次购买之后，继续了解顾客对购买是否满意。

六、使顾客便于和企业联系

提供尽可能多的联系方式，允许顾客通过电子邮件与企业联系，把企业的电子邮件做超级链接设置，免得顾客重新输入地址，提供免费电话号码和传真号码，方便顾客表达他们的意见。

七、利用顾客的生日或假日定期保持联系

为顾客发送礼物以示感谢，通过电子邮件发送问候卡，打电话亲自祝贺顾客节日愉快，询问他们对企业的服务是否满意。

八、邀请顾客出席公司会议、午宴，参观车间或参加讨论会

为顾客创造特别的参与机会，如晚会、舞会、野餐等，在这些活动中公司员工与顾客可以相互交流，可以得到对公司业务有价值的反馈信息。

资料来源：道客巴巴（http://www.doc88.com）。

巩固提高

一、填空题

1. 在互联网上针对特定营销环境进行简单调查设计、资料搜集和初步分析的活动被称为（　　　　）。

2. 网上市场调查的实施可以充分利用（　　　　）作为信息沟通渠道，它的开放性、平等性、自由性、广泛性和直接性的特性，使网上市场调查具有传统的市场调查手段和方法所不具备的一些特点和优势。

3. 网上调查不仅可以了解和体现被调查者的看法和意见，而且可以充分地倾听被调查者的建议和看法，这体现了网上调查的（　　　　）特点。

4. 相对于传统的商务信息，网络商务信息有其显著的特点，即时效性强、准确性高、（　　　　）和检索困难。

二、简答题

1. 简述网上直接调查方法。
2. 简述网上市场调查的特点。
3. 简述网上市场调查的程序。
4. 简述网络商务信息的加工步骤。

任务三 应用网络营销策略

任务描述

营销策略，是企业对其内部与实现营销目标市场有关的各种可控因素的组合与运用。对于网络营销企业来说，正确的营销策略是保证网络营销成功的关键。每一位网络营销人员都应当深入了解上网用户的情况，并根据这些情况，定位自己的目标市场，选择适合于本企业产品的销售途径，完善网络营销的策略。

那么，如何选择并制定相应的网络营销策略，确保自己的网站将各种营销策略都执行到位，实现对营销的全面管理，并不断调整和改进营销策略的细节，进行阶段效果的评估，这对很多网站而言都是应该关注的问题。

任务目标

本任务要求全面掌握网络营销的各种策略，尤其是一些主要营销策略的内涵、特点和优势，并能够利用互联网的特点和企业自身实际情况，制定相应的网络营销策略，这是企业成功的前提，要在产品特点、网络特性、整体营销、创意营销及推广技巧等方面加以考虑，分析各种网络营销策略的内涵并合理应用。

任务实施

一、知识准备

网络营销策略，是企业根据自身所在市场中的地位不同而采取的一些网络营销组合。通俗地说，就是为有效实现网络营销任务、发挥网络营销应有的职能，从而最终实现销售增加和持久竞争优势所制定的方针、计划以及实现这些计划需要采取的方法。

网络营销的基本职能表现在八个方面：网络品牌、网站推广、信息发布、销售促进、销售渠道、顾客服务、顾客关系、网上调研。网络营销每一种职能的实现都有相应的策略和方法，因此，网络营销也可相应地采取八项基本策略。

另外，由于网络营销导向的企业网站建设是有效开展网络营销的基础，而网站流量统计分析是对网络营销效果进行检验和控制的基本手段，因此，这两种策略与上述网络营销八项策略共同构成了网络营销的十项基本策略：

一是网络营销导向的企业网站建设和维护；

二是网站推广策略；

三是网络品牌策略；

四是信息发布策略；

五是网上促销策略；

六是网上销售策略；

七是顾客服务策略；

八是顾客关系策略；

九是网上市场调研策略；

十是网站流量统计分析策略。

下面就从网络营销的主要策略入手，针对企业网络营销的实施情况，阐述这些策略的内涵和优势。

（一）网络营销的主要策略

1. 网站推广策略

网站推广策略，就是以产品为核心内容，建立网站和域名注册查询，再把这个网站通过各种免费、收费等渠道展示给消费者的一种网络营销策略。目的在于让尽可能多的潜在用户了解并访问网站，通过网站获得有关产品和服务等信息，为最终形成购买决策提供支持。

一般来说，除了大型网站，一般的企业网站和其他中小型网站的访问量通常都不高，有些企业网站虽然经过精心策划设计，但在发布几年之后，访问量仍然非常小，这样的网站很难发挥其作用。因此，网站推广被认为是网络营销的主要任务之一，是网络营销工作的基础，尤其对于中小型企业网站，用户了解企业的渠道比较少，网站推广的效果在很大程度上也就决定了网络营销的最终效果。

网站推广需要借助一定的网络工具和资源，常用的网站推广工具和资源包括搜索引擎、分类目录、电子邮件、网站链接、在线黄页和分类广告、电子书、免费软件、网络广告媒体、传统推广渠道等。所有的网站推广方法实际上都是对某种网站推广手段和工具的合理利用，因此制定和实施有效的网站推广策略的基础是对各种网站推广工具和资源的充分认识和合理应用。

2. 网络品牌策略

网络营销的重要目的之一就是在互联网上建立并推广企业的品牌，知名企业的网下品牌可以在网上得以延伸，一般企业则可以通过互联网快速树立品牌形象，并提升企业整体形象。网络品牌策略是企业以网站建设为基础，借助一系列的网络技术，达到顾客和公众对企业的认知和认可。从一定程度上说，网络品牌的价值甚至高于通过网络获得的直接收益。

网络品牌包含三方面内容：

（1）网络品牌要有一定的表现形态。一个品牌之所以被认知，首先应该有其存在的表现形式，也就是可以表明这个品牌确实存在的信息，即网络品牌具有可认知的、在网上存在的表现形式，如域名、网站（网站名称和网站内容）、电子邮箱、网络实名/通用网址等。

（2）网络品牌需要一定的信息传递手段。仅有网络品牌的存在并不能为用户所认知，还需要通过一定的手段和方式向用户传递网络品牌信息，才能为用户所了解和接受。网络营销的主要方法如搜索引擎营销、许可 Email 营销、网络广告等都具有网络品牌信息传递的作用。

（3）网络品牌价值的转化。网络品牌的最终目的是获得忠诚顾客并增加销售，因此网络品牌价值的转化过程是网络品牌建设最重要的环节之一。用户从对一个网络品牌的了解到形成一定的转化，如网站访问量上升、注册用户人数增加、对销售的促进效果等，这个过程也就是网络营销活动的过程。

企业要建立成功的网络品牌有关键的两步：

第一，选择核心承诺。该承诺必须以真实的、富有特色的价值提案吸引目标客户。

第二，履行承诺。网络品牌做出的承诺并不是互联网特有的，但互联网作为新媒体的特别之处在于拥有无可比拟的互动能力，可以快速、可靠、方便地履行承诺并有利可图，其规模之大、范围之广令传统对手无力反击。实际上，这也意味着承诺必须被转换成特定的互动模式，同时网站在设计上也必须给消费者提供畅通无阻的购物经历。

3. 网上促销策略

网络促销，是指利用现代化的网络技术向虚拟市场传递有关产品和服务的信息，以启发需求，引起消费者的购买欲望和购买行为的各种活动。

网络营销是在网上市场开展的促销活动，相应形式也有四种，分别是网络广告、销售促进、站点推广和关系营销。其中网络广告和站点促销是网络营销的主要形式。

根据促销对象的不同，网上促销策略可分为：消费者促销、中间商促销和零售商促销等。本书主要涉及针对消费者的网上促销策略。

（1）网上折价促销。折价亦称打折、折扣，是目前网上最常用的一种促销方式。

（2）网上满减促销。满减促销是网上商家经常使用的一方促销方式。当消费者购物达到一定额度后，商家给予一定额度的减免。如满 100 减 10，跨店满 400 减 50 等。

（3）网上赠品促销。一般情况下，在新产品推出试用、产品更新、对抗竞争品牌、开辟新市场情况下利用赠品促销可以达到比较好的促销效果。

赠品促销的优点：

- 可以提升品牌和网站的知名度；
- 鼓励人们经常访问网站以获得更多的优惠信息；
- 能根据消费者索取赠品的热情程度而总结分析营销效果和产品本身的反应情况等。

赠品促销应注意赠品的选择：

- 不要选择次品、劣质品作为赠品，这样做只会起到适得其反的作用；

- 明确促销目的，选择适当的能够吸引消费者的产品或服务；
- 注意时间和时机，注意赠品的时间性，如冬季不能赠送只在夏季才能用的物品，另外在危急公关等情况下也可考虑不计成本的赠品活动以挽回公关危急；
- 注意预算和市场需求，赠品要在能接受的预算内，不可过度赠送赠品而造成营销困境。

（4）网上抽奖促销。抽奖促销是网上应用较广泛的促销形式之一，是大部分网站乐意采用的促销方式。抽奖促销是以一人或数人获得超出参加活动成本的奖品为手段进行商品或服务的促销，网上抽奖活动主要附加于调查、产品销售、扩大用户群、庆典、推广某项活动等。消费者或访问者通过填写问卷、注册、购买产品或参加网上活动等方式获得抽奖机会。

网上抽奖促销活动应注意以下几点：

- 奖品要有诱惑力，可考虑大额超值的产品吸引人们参加；
- 活动参加方式要简单化，因为目前网络速度不够快，以及浏览者兴趣不同等原因，网上抽奖活动要策划的有趣味性和容易参加，太过复杂和难度太大的活动较难吸引匆匆的访客；
- 抽奖结果的公正公平性，由于网络的虚拟性和参加者的广泛地域性，对抽奖结果的真实性要有一定的保证，应该及时请公证人员进行全程公证，并及时能过 Email、公告等形式向参加者通告活动进度和结果。

（5）积分促销。网上积分活动很容易通过编程和数据库等来实现，并且结果可信度很高，操作起来相对较为简便。积分促销一般设置价值较高的奖品，消费者通过多次购买或多次参加某项活动来增加积分以获得奖品。

积分促销可以增加上网者访问网站和参加某项活动的次数；可以增加上网者对网站的忠诚度；可以提高活动的知名度等。

（6）网上联合促销。是由不同商家联合进行的促销活动。联合促销的产品或服务可以起到一定的优势互补、互相提升自身价值等效应。如果应用得当，联合促销可起到相当好的促销效果。如在"双11""6·18"，天猫、京东、拼多多等购物平台上，就联合多家商家参与购物节大型优惠促销活动。

以上六种是网上促销活动中比较常见又较重要的方式，其他如节假日的促销、事件促销等都可将以上几种促销方式进行综合应用。但要想使促销活动达到良好的效果，必须事先进行市场分析、竞争对手分析，以及网络上活动实施的可行性分析，与整体营销计划结合，创意地组织实施促销活动，使促销活动新奇、富有销售力和影响力。

4. 公共关系策略

网络营销公共关系，是营利组织以互联网为主要手段争取公众的了解、理解和合作，树立自身良好形象，从而达到一定营销目标的一种现实状态和现实活动。

网络营销公共关系的目标有：

- 与网上新闻媒体建立良好的合作关系；
- 建立良好的沟通渠道；
- 管理公共论坛等场合中对企业的评论，辨识忠诚顾客。

为了实现上述目标，企业应当如何利用互联网开展公关活动呢？

(1) 与网络新闻媒体合作。网络新闻媒体一般有两大类，一类是传统媒体上网，通过互联网发布媒体信息，如报纸、电视台的网站。另一类媒体，是新兴的真正的网上媒体，它们没有传统媒体的依托，如腾讯、搜狐等。

为加强与媒体合作，企业可以通过互联网定期或不定期地将企业的信息和有新闻价值的资料通过互联网直接发给媒体，与媒体保持紧密合作关系；也可以通过媒体的网站直接了解媒体关注的热点和报道重点，及时提供信息与媒体合作。

(2) 宣传和推广产品。这是网络公共关系重要职能之一。互联网最初是作为信息交流和沟通渠道，因此互联网上建设有许多类似社区性质的新闻组和公告栏。企业在利用一些直接促销工具的同时，采用一些软性的工具如讨论、介绍、展示等方法来宣传推广产品，效果可能更好。在利用新闻组和公告栏宣传和推广产品时，要注意"有礼有节"。

(3) 建立沟通渠道。企业网络营销站点的一个重要功能就是为企业与企业相关者建立沟通渠道。通过网站的交互功能，企业可以与目标顾客直接进行沟通，了解顾客对产品的评价和顾客提出的还没有满足的需求，保持与顾客的紧密关系，维系顾客的忠诚度。同时，企业通过网站对企业自身以及产品、服务的介绍，让对企业感兴趣的群体可以充分认识和了解企业，提高企业在公众中的知名度。

（二）网络营销的其他策略

1. 网络营销导向的企业网站建设和维护

企业网站建设与网络营销方法和效果有直接关系，没有专业化的企业网站作为基础，网络营销的方法和效果将受很大限制，因此网络营销策略的基本手段之一，就是建立一个网络营销导向的企业网站。也就是以网络营销策略为导向，从网站总体规划、内容、服务和功能设计等方面为有效开展网络营销提供支持。

2. 信息发布策略

信息发布需要一定的信息渠道资源，这些资源可分为内部资源和外部资源。内部资源包括企业网站、注册用户电子邮箱等；外部资源则包括搜索引擎、供求信息发布平台、网络广告服务资源、合作伙伴的网络营销资源等。掌握尽可能多的网络营销资源，并充分了解各种网络营销资源的特点，向潜在用户传递尽可能多的有价值的信息，是网络营销取得良好效果的基础。

3. 网上销售策略

网上销售的实现包括建设完整的在线销售管理系统的企业网站，以及通过专业电子商务平台开展在线销售等方式。网上销售策略的手段不仅仅靠网络技术，有时也取决于许多传统的方式，这种线上线下的整合营销方法，是网络营销的特色之一。

4. 顾客服务策略

顾客就是上帝，如何对网络顾客开展服务决定着营销活动的成败。网络顾客服务主要包括两方面：顾客服务与顾客纽带，顾客服务的层次。网络顾客服务策略的主要手段包括FAQ、电子邮件、在线表单、即时信息、论坛等。其中既有事先整理出供用户自行浏览的信息，也有用户提出问题征求企业解答。

5. 网上市场调研策略

网上市场调查的目的是搜集网上购物者和潜在顾客的信息，利用网络加强与消费者的沟通与理解，改善营销并更好地服务于顾客。做好网上市场调研是实施网络营销策略关键的第一环节，其主要的实现方式包括通过企业网站设立的在线调查问卷、通过电子邮件发送的调查问卷，以及与大型网站或专业市场研究机构合作开展专项调查等。

6. 网站流量统计分析

网站流量统计分析，是指在获得网站访问量基本数据的情况下，对有关数据进行统计、分析，以了解网站当前的访问效果和访问用户行为并发现当前网络营销活动中存在的问题，并为进一步修正或重新制定网络营销策略提供依据。对企业网站流量的跟踪分析不仅有助于了解和评价网络营销效果，同时也为发现其中存在的问题提供了依据。网站流量统计既可以通过网站本身安装统计软件来实现，也可以委托第三方专业流量统计机构来完成。

> **相关链接**
>
> 未来的中国，没有单纯的传统行业，也不会有单纯的网络行业，只会出现一种行业，即网络和传统相结合的行业！
>
> 其实，网络营销的基本知识，小学六年已经全部教完：
>
> 《小马过河》告诉我们，做网络营销，别去迷信所谓的互联网巨头或中小站长分享的经验，而应从实际出发，找准切入点。
>
> 《曹冲称象》告诉我们，做网络营销，一定要学会不对称创新，运用好那些表面看起来毫无价值的网站。
>
> 《乌鸦找水喝》告诉我们，做网络营销，一定要凝聚中小网站的力量，找到自己的网络石头。
>
> 《守株待兔》告诉我们，做网络营销，一定要学会营造氛围，坐赢天下。
>
> 《草船借箭》告诉我们，做网络营销，一定要借力量于第三方，让利益于第三方。
>
> 《刻舟求剑》告诉我们，做网络营销，一定要与时俱进，随机应变。
>
> 《坐井观天》告诉我们，做网络营销，一定要跳出自己的网站，拥抱云计算的蔚蓝天空。
>
> 资料来源：阿里巴巴社区（http://club.1688.com）。

（三）网络营销策略的制定

根据互联网的特点制定相应的网络营销策略是取得成功的前提。那么如何制定网络营销策略呢？下面提供几个思考方向：

1. 产品性质

网络上最适合的营销产品是流通性高的产品，如书籍报刊、软件信息、消费性产品等。如果是推土机、车床等较冷门的专业产品，建议您的网络定位在公司的形象与品牌的推广上，而产品本身的营销就需要特别加以推广或借助于其他媒体工具。

2. 网络特性

目前网络上最热门的网站，也就是浏览人数最多的网站，其内容都以丰富的信息为基础。因此营销模式应以产品情报、产品趋势、生活和教育信息运用等为主导，而后再进一步展开商业行为。

3. 整体营销的考虑

积极的营销策划除需要网络营销的运行外,更需要促销活动及其他媒体的共同运行才能发挥最大的整体效益。众多网站借助发布会、人才招聘等活动进行推广,同时通过平面广告来推动。

4. 网络的创意营销

台湾的一家公司曾经组织了一场"一元买汽车"营销活动,将一台欧宝汽车由网友通过网络公开投标,在活动期间1个月内创造了近万人的投标纪录,成为一时的热门话题。目前,网络上有许多产品营销项目,如机票、旅游、家电、证券、信息、食品等,都通过在线游戏、猜谜、设计竞赛等营销手段进行。这些方式不但吸引众多网友上网、制造卖点,而且还可以争取到许多潜在的客户。

5. 网上推广技巧

在越来越多的网络竞争下,网页的设计与推广也日益重要。网点、网页的推广往往在互联网中相互合作,营销规划时可考虑与适合营销产品或消费群体相近的网站合作,如搜索引擎的登录、一般广告交换等。另外,网络上的广告版面和表达形态也是重点考虑的因素,一个简单又吸引人的广告链接,才是成功的网络营销。

(四) 网络营销策划流程

网络营销策略策划是为了达成特定的网络营销目标而进行的策略思考和方案规划的过程。根据国内外网络营销的实践,网络营销的策划流程通常包括五个步骤(见图3-3)。

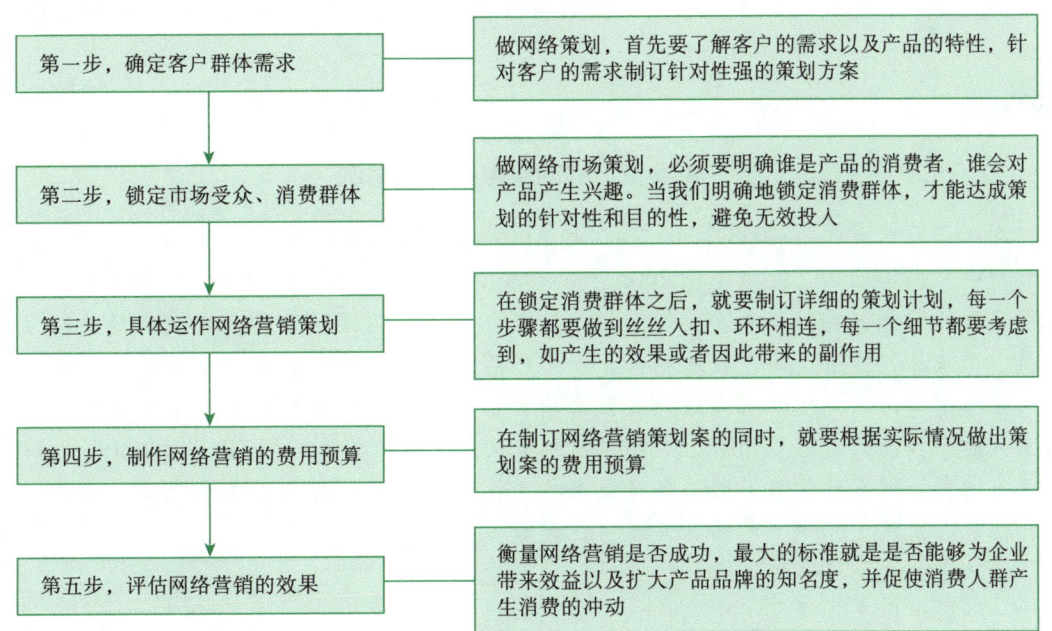

图 3-3 网络营销策划流程

二、教学活动

（一）活动内容

情景模拟：假如你是某家居用品网站的营销总监，请制订该家居用品网站的网络营销策划方案。

（二）活动要求

（1）要求学生 4 人一组，以小组分工合作完成活动内容。

（2）各小组将以上实训内容的最终成果分别汇总成 PPT 格式的文档，并发送至教师邮箱。

（3）实训时间：2 课时。

（三）操作步骤

（1）教师通过网络向各实训小组发送一个"网络营销策划方案"的 PPT 模板。

（2）各组组长接到任务后，将实训任务进行合理分工，例如，小组长可将组员分为网络营销总监、网络市场调研员、财务分析员等职位。每个职位分别承担相应的工作，市场调研员从事前期的网上市场调查，营销总监依据调研结果和产品特点制定可采用的营销策略及效果预测，财务分析员负责网络营销的财务预算。

（3）各个职位的组员在规定的时间内开展相应的工作，最后汇总至组长。大家共同完善之前教师发送的"网络营销策划方案"的 PPT 模板，并将其保存，发送至教师邮箱。

（四）拓展训练

软文营销：撰写一则关于学校食堂近期优惠活动的信息，用并将其发布到模拟平台的论坛中。

课后提升

"红孩子"的网络营销策略案例

红孩子网站 www.redbaby.com.cn，是 Alexa 全球排名第一的中文婴幼购物网站，是最大的中文妈妈社区。红孩子于 2004 年 3 月成立，致力于通过目录和互联网为用户提供方便快捷的购物方式和价廉物美的产品。自成立以来发展速度迅猛，现在已经拥有母婴用品、化妆品、健康产品、自选礼品、家居产品五条产品线，拥有自有品牌——redbaby 系列婴幼用品，成为全国规模最大的目录销售企业。红孩子凭借独特的业务模式，良好的发展势头和优秀的核心团队，成功吸引到美国著名风险投资公司 NEA 和 Northern Light 的两轮融资。融资后红孩子着手搭建全国构架，公司目前已拥有北京、天津、沈阳、上海、南京、武汉、苏州、无锡、大连、杭州等多家分支机构。

红孩子的主要经营情况：

一、服务理念

客户就是父母，尽一切可能为客户做好每一件事；让客户不仅仅感觉专业，更感到温暖和贴心。

二、发展目标

以低成本的销售模式,丰富的自有品牌产品和全国采购系统,持续发扬"低价+优质服务"的经营理念,凭借自己丰富的客户资源和已成熟的销售渠道做家庭购物服务的持续领跑者!

三、特色及优势

(1) 质量保证:红孩子的供应商全部是厂商和厂商指定的代理商和经销商,所售出的产品都是通过正规进货渠道购进的正牌商品,与亲临商场选购的商品享受同样的质量保证。

(2) 专业的客户销售团队:为确保客户能够随时拨通订购热线,红孩子建立了行业内最专业的呼叫中心,可满足300多人同时在线咨询订购产品。每位座席代表都经过客户服务礼仪、产品知识等专业培训,考核合格后上岗。

(3) 方便、快捷的配送服务:承诺客户购物不设起订点,免费送货,并在订单确认24~96小时之内收到货物。每一位配送专员穿着红孩子统一的工作制服并佩戴胸卡,以真诚的心和积极热情的态度为客户提供优质服务。

思考:

(1) 为什么红孩子能在短短3年之内创造B2C奇迹,已经成为国内母婴用品零售商巨头,其中的奥秘是什么?

(2) 红孩子不是第一个做目录销售的企业,但却是发展最快的,也是规模最大的。那么红孩子采用了哪些网络营销策略,使其做成现在的规模?

资料来源:道客巴巴(http://www.doc88.com)。

7天连锁酒店集团网络营销现状

7天连锁酒店集团(7 Days Group Holdings Limited),自2005年成立以来,经过快速发展,分店总数已经超过2000家,覆盖全国300座城市,成为中国经济型酒店行业的第一品牌。

一、网站、社区广告营销

随着互联网的快速发展,网站、社区成为网民们活跃的场所,也成为商家进行网络营销的平台。7天连锁酒店意识到网络与社区的影响力,不仅在"去哪儿""酷讯""口碑网"上做关于酒店各方面的营销活动,还在"天涯""51.com""新浪""搜狐"等网站与社区进行酒店活动的宣传。通过铺天盖地的广告,对消费者形成强有力的影响,无形中增强了消费者对品牌的认可度。

二、搜索引擎营销

搜索引擎营销是根据用户使用搜索引擎的方式与特点,用关键词来锁定不同消费人群,通过搜索引擎营销与目标用户进行互动来达到营销的目的,从而实现精准营销。随着网民人数日益增多,越来越多的网民在互联网查找相关信息,因此搜索引擎营销也发挥了越来越大的作用。下图为百度搜索显示结果。

搜索引擎显示结果

网民可在百度、搜搜、搜狗搜索引擎中输入"连锁""连锁酒店""酒店""7天""7天连锁""7天酒店"等关键字,在搜索结果栏中都可以找到与7天连锁酒店相关的链接,然后网民可点击进入。以百度、搜狗搜索引擎为例,输入"××"品牌、"××连锁""××酒店"任一关键字,均可获得相关收录情况(见下表)。

主要经济型酒店百度、搜狗搜索引擎链接数量

	关键词	如家酒店	7天酒店	汉庭酒店	格林豪泰酒店
百度搜索引擎	收录条目	8900000	11300000	13100000	5140000
	关键词	如家连锁	7天连锁	汉庭连锁	格林豪泰连锁
	收录条目	2990000	6270000	3610000	4430000
	关键词	如家	7天	汉庭	格林豪泰
	收录条目	15000000	58000000	13000000	11000000
搜狗搜索引擎	关键词	如家酒店	7天酒店	汉庭酒店	格林豪泰酒店
	收录条目	507498	601470	5148267	358759
	关键词	如家连锁	7天连锁	汉庭连锁	格林豪泰连锁
	收录条目	137690	424718	487690	136690
	关键词	如家	7天	汉庭	格林豪泰
	收录条目	647832	1425259	3920482	4293363

三、口碑网互动营销

2008年3月26日,国内经济型连锁酒店排名第一的7天连锁酒店与中国最大的生活搜索引擎口碑网在杭州签署了战略合作协议,此次合作是7天连锁酒店在网络营销中的又一次突破,实现了7天酒店网络时代"天上生活"和"地面生活"的无缝对接。7天连锁酒店与口碑网互动营销,双方建立了风险与利益的共享机制。与传统网站赚取

广告费不一样，口碑网融合7天连锁酒店的营销理念，在会员、咨询、信息等多方面实现了双方共享。7天连锁酒店是经济型酒店领域佼佼者，已经建立了一个先进的在线预订、支付管理平台，其IT电子商务能力、会员体系等在行业中都处于领先的地位。口碑网是阿里巴巴体系中的生活资讯平台，拥有大量优质的网民用户。由于双方提供的服务都是现代人们生活的一部分，通过两者的合作，能共同为用户提供丰富优质的在线和地面服务，也能进一步扩大7天连锁酒店品牌的网络影响力，为酒店招来更多更好优质的客源，增加酒店的营业额。

四、搜狐网竞拍营销

2008年，中国举办奥运会，酒店需求相比平时增加较大。7天连锁酒店抓住时机，与搜狐网举办了"奥运期间房晚竞拍活动"。在2008年8月1日至31日奥运期间，7天连锁酒店北京、天津两地分店超过90000间房晚通过7天网站进行网络公开竞拍。这一次竞拍活动设定起拍价、一口价、捐赠价等，实际竞拍价超过捐赠价的部分，全部用于公益捐赠。

7天携手搜狐举办此次竞拍活动，是其他经济型酒店很少进行的网络营销模式，可见其营销理念的先进。

资料来源：百度（http://www.baidu.com）。

巩固提高

一、填空题

1. 网络营销策略，就是为有效实现（　　　　）、发挥网络营销应有的（　　　　），从而最终实现销售增加和持久竞争优势所制定的（　　　　）、（　　　　），以及实现这些计划需要采取的（　　　　）。

2. 网络营销导向的企业网站建设是有效开展网络营销的（　　　　），而（　　　　）是对网络营销效果进行检验和控制的基本手段。

3. 网络营销是在网上市场开展的促销活动，相应形式也有四种，分别是（　　　　）、（　　　　）、（　　　　）和（　　　　）。

4. （　　　　）是企业以网站建设为基础，借助一系列的网络技术，达到顾客和公众对企业的认知和认可。

二、简答题

1. 网络营销的策略有哪些？
2. 制定网络营销策略时需要考虑的因素有哪些？
3. 简述网络营销策略的策划流程。

任务四
了解网络营销推广方法

任务描述

网络营销已被广泛应用于各行各业，影响企业开展网络营销效果的因素有很多，其中网络推广尤为重要。网络推广是网络营销的重要策略之一，是以当今互联网为手段的一种推广方式。网络营销推广就是在网上把自己的产品利用各种手段、各种媒介推广出去使自己的企业能获得更多、更大的利益。

网络推广注重的是通过推广后带来的网站流量、排名、访问量、注册量等，目的是扩大被推广对象的知名度和影响力。可以说，网络营销中必须包含网络推广这一步骤，而且网络推广是网络营销的核心工作。

任务目标

本任务的目标是在了解了网络营销的基本策略的基础上，继续了解并掌握网络营销推广的各种方法，要求掌握网络营销主要推广方法的内涵、特点和优势，能够结合具体企业的实际情况，选择相应的推广方法，并能够有所创新。

任务实施

一、知识准备

网络营销推广方法，是对网络营销策略和网络营销工具的合理利用，是网络营销各项职能得以实现的基本手段，在网络营销内容体系中处于重要位置。

网络营销推广可以理解为网络传播，即利用互联网向目标受众传递有效信息。从过程来说，网络营销推广要经过三个步骤：第一，确定目标受众，即"向谁说"；第二，策划传播内容信息，即"说什么"；第三，采取什么方式推广，即"怎么说"。只有经过这三个有机组合的策划，才能构成一个完整的传播方案。

网络营销推广的方法种类很多，可以按照不同标准来进行分类。

从方式来说，网络传播的方式可分为：活动创意、话题事件、信息发布、互动游戏、创意软文等。

从网络传播的载体来说，网络推广可分为：SEM、SEO、论坛推广、博客推广、微博推广、微信公众号推广、新闻软文推广、B2B平台推广、QQ（IM）推广、电子书推广、邮件推广、广告投放、广告联盟等。

下面以推广的载体为例，具体讲解一下企业常用的网络营销推广方法。

（一）网络营销推广的常用方法

常用的网络营销推广方法主要有以下形式：搜索引擎推广、即时通信营销推广、病毒式推广、BBS 营销推广、网络博客推广、聊天群组推广、网络知识性推广、网络事件推广、网络口碑推广、网络直复性推广、网络视频推广、网络图片推广、网络软文推广、RSS 营销推广、SNS 营销推广。

1. 搜索引擎推广

搜索引擎推广是目前最主要的网络营销推广的手段之一，尤其是基于自然搜索结果的搜索引擎推广，因为是免费的，所以受到众多中小网站的重视，搜索引擎营销方法也成为网络营销推广方法体系的主要组成部分。

搜索引擎推广主要有：竞价排名、分类目录登录、搜索引擎登录、付费搜索引擎广告、关键词广告、搜索引擎优化（搜索引擎自然排名）、地址栏搜索、网站链接策略等。

2. 即时通信营销推广

即时通信营销又称"IM 营销"，是企业通过即时工具 IM 推广产品和品牌的一种手段。常用的主要有两种情况：

（1）网络在线交流。中小企业建立了网店或者企业网站时一般会有即时通信在线，这样潜在的客户如果对产品或者服务感兴趣自然会主动和在线的商家联系。

（2）广告。中小企业可以通过 IM 营销通信工具，发布一些产品信息、促销信息，或者可以通过图片发布一些网友喜闻乐见的表情，同时加上企业要宣传的标志。

3. 病毒式推广

病毒式推广是一种常用的网络营销推广方法，常用于进行网站推广、品牌推广等。病毒式推广利用的是用户口碑传播的原理，在互联网上，这种"口碑传播"更为方便，可以像病毒一样迅速蔓延，因此病毒式推广（病毒性营销）成为一种高效的信息传播方式。而且，由于这种传播是用户之间自发进行的，因此几乎是不需要费用的网络营销手段。

2008 年 3 月 24 日，可口可乐公司推出了火炬在线传递。这个活动堪称经典的病毒式推广案例。如果你争取到了火炬在线传递的资格，将获得"火炬大使"的称号，头像处将出现一枚未点亮的图标，之后就可以向你的好友发送邀请。

4. BBS 营销推广

BBS 营销推广又称"论坛营销"，就是利用论坛这种网络交流平台，通过文字、图片、视频等方式传播企业品牌、产品和服务的信息，从而让目标客户更加深刻地了解企业的产品和服务，最终达到宣传企业品牌、产品和服务的效果，是一种加深市场认知度的网络营销推广活动。

BBS 营销推广主要是利用论坛的人气，通过专业的论坛帖子策划、撰写、发放、监测、汇报等流程，在论坛空间提供高效传播，包括各种置顶帖、普通帖、连环帖、论战帖、多图帖、视频帖等，再利用论坛强大的聚众能力，利用论坛作为平台举办各类活动，调动网友与品牌商之间的互动，从而达到企业品牌传播和产品销售的目的。

5. 网络博客推广

网络博客推广是通过博客网站或博客论坛接触博客作者和浏览者，利用博客作者个人的知识、兴趣和生活体验等传播商品信息的营销活动。

博客推广本质在于通过原创专业化内容进行知识分享，争夺话语权，建立起个人品牌，树立自己"意见领袖"的身份，进而影响读者和消费者的思维和购买行为。

6. 聊天群组推广

聊天群组推广是即时通信工具的延伸，是利用各种即时聊天软件中的群功能展开的营销，目前的群有 QQ 群、MSN 群、旺旺群、新浪聊天吧群、微信群等。

聊天群组推广具有成本低、即时效果和互动效果强的特点，广为企业采用。它是通过发布一些文字、图片等方式传播企业品牌、产品和服务的信息，从而让目标客户更加深刻地了解企业的产品和服务，最终达到宣传企业品牌、产品和服务的效果，加深市场认知度的网络营销活动。

7. 网络知识性推广

网络知识性推广是利用百度的"知道""百科"、新浪的"爱问"或企业网站自建的疑问解答板块等平台，通过与用户之间提问与解答的方式来传播企业品牌、产品和服务的信息。

网络知识性推广主要是在扩展了用户的知识层面的同时，让用户体验企业和个人的专业技术水平和高质服务，从而对企业和个人产生信赖和认可，最终达到了传播企业品牌，提升产品和服务的质量。

8. 网络事件推广

网络事件推广是企业、组织主要以网络为传播平台，通过精心策划、实施可以让公众直接参与并享受乐趣的事件，并通过这样的事件达到吸引或转移公众注意力，改善、增进与公众的关系，塑造企业、组织良好的形象，以谋求企业的更好发展的营销传播活动。

目前社会出现的网络红人和汶川地震时的"封杀王老吉"都属于成功的网络事件营销推广典型案例。

9. 网络口碑推广

网络口碑推广是网络中最有效的传播方式。它是把传统的口碑推广与网络技术有机结合起来的新的营销推广方式，是应用互联网互动和便利的特点，通过消费者或企业销售人员以文字、图片、视频等口碑信息与目标客户之间进行的互动沟通，两者对企业的品牌、产品、服务等相关信息进行讨论，从而加深目标客户的影响和印象，最终达到网络营销推广的目的。

网络口碑推广是网络中最有效的传播模式。

10. 网络直复性推广

网络直复性推广是指生产厂家通过网络，直接发展分销渠道或直接面对终端消费者销售产品的营销方式，如 B2C、B2B 等。

网络直复性推广是通过把传统的直销行为和网络有机结合，从而演变成了一种全新的、颠覆性的营销模式。很多中小企业因为分销成本过大和自身实力太小等原因，纷纷采用网络直复性推广，想通过其成本小、收入大等特点，达到以小博大的目的。

11. 网络视频推广

网络视频推广是指企业将各种视频短片以各种形式发布到互联网上，达到宣传企业品牌、产品以及服务信息目的的营销手段。网络视频广告的形式类似于电视视频短片，具有电视短片的种种特征，如感染力强、形式内容多样、富于创意等，又具有互联网营销的优势，如互动性、主动传播性、传播速度快、成本低廉等。可以说，网络视频营销是将电视广告与互联网营销两者"宠爱"集于一身。

12. 网络图片推广

网络图片推广就是企业把设计好的有创意的图片，在各大论坛、空间、博客和即时聊天等工具上进行传播或通过搜索引擎的自动抓取，传播企业品牌、产品、服务等信息，来达到营销的目的。

13. 网络软文推广

网络软文推广，又叫"网络新闻营销"，通过网络上门户网站、地方或行业网站等平台传播一些具有阐述性、新闻性和宣传性的文章，包括一些网络新闻通稿、深度报道、案例分析等，把企业、品牌、人物、产品、服务、活动项目等相关信息以新闻报道的方式，及时、全面、有效、经济地向社会公众广泛传播的新型营销方式。

14. RSS 营销推广

RSS 营销推广，又称"网络电子订阅杂志营销"，是指利用 RSS 这一互联网工具传递营销信息的网络营销模式。RSS 营销的特点决定了其比其他邮件列表营销具有更多的优势，是对邮件列表的替代和补充。使用 RSS 的以行业业内人士居多，如研发人员、财经人员、企业管理人员等。他们会在一些专业性很强的科技型、财经型、管理型等专业性的网站，用邮件形式订阅他们的杂志和日志信息，从而达到了解行业信息的目的。

15. SNS 营销推广

SNS，全称 Social Networking Services，即社会性网络服务，如中国人人网、开心网等都是 SNS 型网站。这些网站旨在帮助人们建立社会性网络的互联网应用服务。SNS 营销是随着网络社区化而兴起的营销方式。SNS 社区在中国发展时间并不长，但已经成为备受广大用户欢迎的一种网络交际模式。SNS 营销就是利用 SNS 网站的分享和共享功能，在六维理论的基础上实现的一种营销。通过病毒式传播的手段，让企业的产品、品牌、服务等信息被更多的人知道。

> **相关链接**
>
> **SNS 营销的主要方式**
>
> （1）植入游戏。目前有多家公司将他们的产品和广告植入到 App 游戏中，像伊利牛奶成功地把营养舒化奶植入到了人人餐厅小游戏里，王老吉更是开发出了"王老吉庄园"，"纯果乐"则是植入到了阳光牧场里，通过"纯果乐果园"让用户深入了解其生产过程，推广其多种口味的产品，让用户在玩游戏的过程中，一步一步去了解其产品，这种营销推广比传统营销更加精准有效。
>
> （2）打造公共主页。自从网络平台开发出了公共主页之后，有众多的名人和媒体、企业加入到其中，用户可以成为其粉丝和好友，关注其动态。这就是在培养深度的用户群体，一方面扩大自身的影响力，另一方面可以通过用户之间的口碑传播，吸引更多的用户，加深用户黏度。

（3）横幅广告。由于在网上活跃的客户同时也是电子产品和网上商店的最重要客户，所以为企业提供了最精准的营销目标。

（4）组织冠名活动。在网上组织各种冠名活动，一般都是公益性的活动，这样可以聚集大量的人气。

（5）设计与网络购物的深度对接。在 Web 时代，越来越多的内容和行为是由终端用户来产生和主导的。设计与网络购物的深度对接一般可以分为两类：一类是专注于商品信息的，主要是通过用户在社交平台上分享个人购物体验、在社交圈推荐商品的应用；另一类是比较新的模式，通过社交平台直接介入了商品的销售过程。这类是让终端用户也介入到商品销售过程中，通过社交媒介来销售商品。

因此，SNS 营销具有以下几个优势：精准的目标用户；庞大的用户群、浏览量和黏度；强大的口碑营销，传播的速度快，效率高。

（二）网络营销推广方法的选择与确定

网络营销推广有以下几大类可供企业选择：

1. 基础型网络营销

基础型网络营销包括：B2B 推广、行业网站推广、搜索引擎推广、邮件推广、论坛博客推广、电话销售等多种形式，这些推广渠道越来越深入到中小企业主心中。

2. 应用型网络营销

随着部分网络应用产品的出现，应用型软件也开始发展，其中包括即时通信软件挂靠绑定在网站上，以及企业资源计划系统（ERP）、人力资源管理系统（HRM）、客户关系管理系统（CRM）、进销库存管理 ESALE 系统等越来越多的运用。随着互联网用户的激增，网络营销在企业中已经成为一个系统工程。

3. 口碑营销

口碑营销与企业长期营销规划和企业长远战略相融合，帮助企业提升品牌知名度和美誉度，并协助企业进行品牌声誉管理和保护。利用媒体资源以及编辑团队或合作伙伴，以活动、新品、专访、影响力事件等软文并辅以线上线下各种活动形式进行品牌和销售两手抓的传播推广。

不同品牌、不同产品的销售模式，都要根据企业自身特点进行选择。单纯依靠某一种模式去开展品牌知名度和美誉度的提升或销售业绩的增长都无法满足企业需求，所以需要多种形式相结合。

相关链接

宝马俱乐部社群营销

宝马俱乐部于 2009 年成立，成立至今，拥有 20 万忠实粉丝，覆盖全国 34 个省、市、自治区。这里以宝马俱乐部（宝马官方车主俱乐部）为案例，看看企业如何玩转社群营销。

社群营销是宝马俱乐部最基础的运营工作。宝马俱乐部网站运营人员主要从以下两个方面入手社群营销工作。

一、社群构建

2009年4月，宝马俱乐部成立，目标很明确——通过丰富有趣的线上线下活动，以及获取积分商城的丰厚礼品和陆续推出的增值服务，聚拢宝马车主。从2011年手机App的开发、官方微博的创建，到后来的商城上线、微信上线，不断探索有效的社群营销实现路径。

共同的目标即是吸引志同道合的BMW车主，开启悦享之旅。有一句话很经典：人的一生中至少要有两次冲动，一次为奋不顾身的爱情，一次为说走就走的旅行。不讨论这句话是否准确，但是宝马俱乐部为会员组织的丰富有趣的线下活动，确实让会员保持了高黏度，就像其宣传语所说：从此，不再是一个人旅行。

二、社群营销

宝马俱乐部应用高效率的协同工具，基于"PC客户端+微信移动端+微博"的用户场景，打造有效的协同工具。俱乐部可通过微信随即生成会员未来一年的朋友圈，而这一年的朋友圈将会精彩十足：参加BMW的官方活动、BMW的驾驶教练成为会员的好友、音乐节和同城活动认识志同道合的伙伴、旅行足迹跨越国界……北京、上海、广州车主见面会、鸟巢足球赛等活动让会员结交朋友、扩大人脉圈子，而德国慕尼黑之旅、北欧之旅、鄂尔多斯越野培训、土耳其试驾，更是让会员流连忘返。

社群经济三要素的体现：

1. 极致的产品+用心的宣传

企业如何建立自己的社群？两句话：以求道的精神做产品，用求爱的方式做传播。

产品不极致，一切都是妄谈。宝马俱乐部若不是服务做到极致，也不可能拥有20万级别社群的影响力；星巴克若不是把咖啡做到极致，粉丝经济就是妄谈；同样，黄太吉的煎饼、雕爷的牛腩要是产品或体验不极致，就都只是借助互联网高效传播形成的一场炒作。

把产品和体验做到极致还不够，还需学会传播。很多人天然地反感传播，把会传播当成是投机取巧，总是抱着"酒香不怕巷子深"的态度，等着别人来发现你。不要说在大众媒体时代这种观念是错误的，在移动互联网时代，恐怕连生存的机会都没有。

宝马俱乐部把目标人群细分成职场白领类、旅行类、生活时尚类和互联网类等群体，然后通过兴趣圈层更广泛地覆盖相关人群，从不同的角度去抓住他们的兴趣点，引发体验、触发认知、产生兴趣。比如，针对职场类人员，用丰富、精彩的生活内容来触动他们，将他们领入不一样的都市生活圈，跳出充斥压力、吐槽的生活圈；针对互联网人群，则是结合与科技相关的趣味话题，用诙谐、有吸引力的话题吸引其关注，加入未来生活之旅。

移动互联网正带来另外一个新的巨大的机会，我们把它称为"社交红利时代"。在这个时代,谁懂得社交,懂得传播,谁就能够掌握商业的先机。

2. 不玩粉丝经济,只挑对的人

粉丝经济就是社群经济吗?显然不是。任何品牌都要有自己的粉丝,但如果仅仅停留在粉丝这个层面,无非把以前的忠实用户换了个新名词而已。"无粉丝不品牌",这句话没错,但反过来,哪一个品牌没有自己的粉丝呢?

所以,永远不要提粉丝这个词,只说用户、会员、朋友、伙伴。因为粉丝就是中心化,对偶像的崇拜。只有当你的客户变成用户,用户变成粉丝,粉丝变成朋友的时候,才算得上是社群。宝马俱乐部用社群的方法挑对的人,然后"期待"产生奇妙的结果。

3. 社群的价值在于运营

社群营销是在网络社区营销及社会化媒体营销基础上发展起来的用户连接及交流更为紧密的网络营销方式。网络社群营销的方式,主要通过连接、沟通等方式实现用户价值,营销方式人性化,不仅受用户欢迎,还可能成为继续传播者。因此,社群的价值,就在于营销。

资料来源:百度(http://www.baidu.com)。

(三)网络营销推广效果的评价

网络营销推广已成为当今企业营销工作的一个热点领域。不管是选择外包给专业的网络营销公司,还是选择自主组建网络营销团队,都涉及对网络营销推广工作的效果进行评价。

1. 网络营销推广效果评价的参考指标

(1)网络信息量。这个是一个大众化的评价指标,企业可以定期记录主流搜索引擎抓取的企业品牌的信息量,如果在某企业或某职员工作期间与品牌相关的信息量大幅增加,说明其工作是比较有价值的。这一指标的优点是工作人员创意的好坏、转载率高低,都可以定性地反映出来;缺点是信息量受搜索引擎更新影响,搜索引擎的自身数据库整理更新会扰乱考核结果。

(2)关键词排名。关键词排名可以是网站优化的考量指标,也可以是整个网络营销推广工作的考量指标。可以将企业业务重点的关键词都监控起来,看看有没有自己企业的相关信息。这一指标的优点是考核指标直接关乎企业的销售业绩,排名好对企业的销售拉动力较大;缺点是完全以该指标考核,容易让工作人员走入误区,追求排名和忽略用户体验。

(3)外在工作量。该指标包括新闻发布量、论坛发帖量、博客更新量、微信公众号关注量等。这一指标的优点是考核简单、直观,缺点是以量为考核,容易降低质量。

(4)其他参考指标。该指标包括网络舆论情况、行业专家的观点评价、企业网络销售的达成与否等。

2. 网络营销推广效果评价应注意的问题

网络营销推广效果的评价不是单纯地在某个时间段进行的,而应该贯穿于推广的整个过程中,并且在这个过程中,也要关注以下几个问题:

（1）明确每个阶段的目标。例如，每星期要达到多少独立 IP 的量，达到一个怎样的排名，外链的数量，注册用户的数量等都是可以评估的对象。设立阶段性的目标，能够让计划随时跟着网站和客户需求进行改动，从而有利于推广活动的进行。

（2）不同阶段方法要有具体的实施方法。网络推广分为不同的阶段，每个阶段的实施方案也会随着客户需求和网站的发展而有所不同。列出具体的方法，如推广要侧重哪种形式，在哪个方面加大投入等都是网站方案需要考虑的问题。

（3）推广策略的控制和效果评价。该评价包括对推广每个阶段目标的控制和检测，并对推广效果指定合理评价指标等。对推广计划实施过程的控制和评价，有利于在推广过程中及时发现推广问题，保证网络推广活动的顺利进行。

网络营销推广的每个阶段，都要对所取得的效果进行评价，效果好的地方要加强，不好或是没有效果的地方要及时调整。通过不断的整合评价，网络营销推广的效果就会日渐明显，最终提高自己产品的知名度和销售额。在网络营销推广的过程中，在每一个不同的阶段都有不同的目标，由于网络推广不可能在第一时间产生效果，所以目标和措施就要跟着推广的深入而不断变化。

二、教学活动

（一）活动内容

情景模拟：制订一个关于计算机配件网店的网络营销推广方案。

（二）活动要求

（1）要求学生 4 人一组，以小组分工合作完成活动内容。

（2）各小组将以上实训内容的最终成果分别汇总成 PPT 格式的文档，将设计好的产品网络营销推广样图以 PSD 格式保存，并发送至教师邮箱。

（3）实训时间：2 课时。

（三）操作步骤

（1）教师给出 10 件计算机配件商品（如鼠标、键盘、音箱、耳麦、数据线等），每组同学到教师处选择 3 件商品，并发送"××产品的网络营销推广方案"PPT 模板。

（2）各组组长选择好商品后，将实训任务进行合理分工。例如，小组长可将组员分为摄影专员、网络营销推广总监、网络市场调研员、美工专员等职位。每个职位分别承担相应的工作，摄影专员负责从不同的角度拍摄 3 件商品，市场调研员从事前期的网上商品市场调查，营销总监依据调研结果和产品特点制定可采用的网络营销推广方法及效果预测，美工专员负责产品的后期美工。

（3）各个职位的组员在规定的时间内开展相应的工作，最后汇总至组长。大家共同完善"××产品网络营销推广方案"的 PPT 模板以及利用 Photoshop 等图形处理软件完成一件相应的产品促销样图，保存并发送至教师邮箱。

（四）成果展示（见图 3-4）

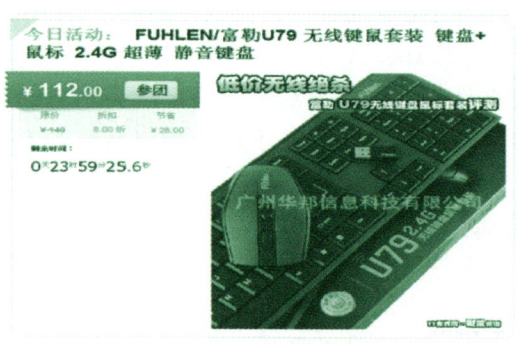

图 3-4　产品促销样图

（五）拓展训练

微博营销：在互联网上，注册新浪微博，添加一位自己喜欢的名人，并且查询一则关于网络营销推广的成功案例或代表人物，发布一则关于计算机配件的微博营销广告语。

课后提升

某女装品牌网络推广策划项目方案

一、项目背景

1. ××公司上市前需继续品牌形象梳理和品牌造势。

2. 目前，中国手机上网用户已远远超过计算机上网用户。现阶段的××网络信誉维护要更加注重移动互联网。

二、项目概要

作为一个女装知名品牌，根据当前行业现状及公司未来规划，要在网络上进行战略性的推广，可有针对性地通过网络优化及网络软文塑造品牌形象并进行品牌推广及产品销售。

三、项目周期

通过一年的时间来塑造品牌形象。

四、项目核心

网站优化+软文宣传+微博营销+专业媒体评论营销+微信公众号营销。

五、项目目标

（1）吸引行业人士及消费者的关注，提升和统一××在网络上的品牌形象。

（2）消除网络不利品牌发展的信息。

（3）提升网站用户体验。

六、执行方式

（1）网站手机版优化：对官网手机版进行个性化设计优化。

（2）软文宣传：不同的阶段采取不同的方式，每月从不同角度来挖掘新闻点和宣传点。

宣传频率：每月可选择10篇软文来宣传，以前三周发布为佳。

宣传方向：

- 结合行业。结合热点事件，对品牌在行业中的发展和前景进行展望。
- 结合产品。结合产品的发展趋势，对产品的优势进行放大和深入剖析。
- 结合活动。结合目前的一些活动来造势，包括本网站的活动，以及其他企业和社会活动。
- 利用对手。揭秘或深入分析测评对手系统的优劣，与我们的系统产品进行对比，不贬低对手，不抬高自己，客观真实，给人一种我公司产品略好的印象。
- 利用专家。利用专家的分析来引出我公司的观点；将行业内领导人或者名人的观点作为专家视点发表。

（3）网络媒体：

- 优先在网络媒体上进行宣传（费用较低、传播较快），包括各大门户网站；
- 在各大网站的论坛发表，如天涯、太平洋女性等；
- 在全国性专业网络媒体上发表，如瑞丽、时尚网等；
- 在各类网站上发表，通过各类博客来发表；
- 在各主流的网站上建立企业博客和微博。

（4）微博营销：阶段性地增加真粉丝，进行微博的评论和转发。

（5）网站活动：与主流策源地媒体之一联合主办活动。

（6）论坛及问答式营销：利用美文美图在各个社区论坛进行扩散，并有针对性地在问答平台里做品牌的推广和用户的引导。

七、效果评估

每月制作一个推广评估报表，其内容如下：

（1）品牌网络信息监测报告（包括网络情报监测、网络舆情监测、网络口碑监测、网络广告监测等）；

（2）网站排名的变化；

（3）发布的网络媒体数量、篇数（体现在媒体公关统计报表中）；

（4）发布的文章的网址、发布所在位置的截图及相关剪报。

思考：

你认为该网络营销推广策划的优点是什么？如果你是执行总监，你觉得哪些地方还需要进一步地修改？

资料来源：道客巴巴。

巩固提高

一、填空题

1. 网络营销推广方法是对（　　　）和（　　　）的合理利用，从而使网络营销各项职能得以实现的基本手段。
2. 网络软文推广，又叫（　　　），通过网络上门户网站、地方或行业网站等平台传播一些具有（　　　）、（　　　）和（　　　）的文章。
3. 一般而言，我们开展网络营销的过程会产生三个重要的数据：（　　　）、（　　　）、（　　　）。

二、简答题

1. 常用的网络营销推广方法有哪些？
2. 在预测和评估网络营销推广的效果时，需要注意哪些问题？

三、实训题

李某是一位电子商务专业的高才生，被聘用到一家大型建材企业的电子商务部工作。有一天，部门经理告知李某，本企业的网站已经建立了半年左右的时间，但访问人数不是很理想，没有达到宣传企业产品和最终实现在线交易的初衷，要求李某尽快提出一套网站推广方案，以便付诸实施。

［要求］

1. 假设你是李某，请根据该企业的有关情况，提出网站推广具体做法。
2. 上网查找其他的网络营销工具并对其进行优缺点分析。

课后习题：
了解网络营销

项目四 了解网上支付与安全

学习目标

- 能够理解网上支付的含义、基本流程、特点等基础知识以及各种典型的网上支付（如互联网络支付、移动网络支付、固话网络支付等）
- 了解各种网上支付安全技术及网络支付过程存在的安全问题以及相应的解决方法和技术
- 掌握常见的处理电子商务支付环节安全问题的方法及原理

任务一
了解网上支付与网上银行

任务描述

我们在淘宝、京东商城、亚马逊、当当等电子商务网站选购商品，除了货到付款，大多通过网上支付。你是否了解网上支付的流程？当你在网上进行某些考试报名需要通过网络支付报名费时，你是否已经注册申请了网银？本次任务就是让我们首先来认识网络支付吧。

任务目标

本任务要求学生通过相关知识了解网上支付的含义、基本流程、特点等基础知识以及各种典型的网上支付，并能够通过网上支付平台真实体验网上支付的特点，分析网络支付和传统支付的区别。

任务实施

一、知识准备

(一) 网上支付

1. 含义

网上支付是电子支付的一种形式，它是通过第三方提供的与银行之间的支付接口进行的即时支付方式。这种方式的好处在于，可以直接把资金从用户的银行卡中转账到网站账户中，汇款马上到账，不需要人工确认。客户和商家之间可采用信用卡、电子钱包、电子支票和电子现金等多种电子支付方式进行网上支付。采用在网上电子支付的方式节省了交易的开销。

在电子商务中，支付过程是整个商贸活动中非常重要的一个环节，同时也是电子商务中准确性、安全性要求最高的业务过程。电子支付的资金流是一种业务过程，而非一种技术，但是在进行电子支付活动的过程中，会涉及很多技术问题。

2. 网上支付基本流程

基于 Internet 平台的网上支付一般流程如下：

（1）客户上网，通过浏览器在网上浏览商品。

（2）选择货物，确认后提交订单。

（3）选择应用的网络支付结算工具，付款（前提是已申请网银，得到银行的授权使用，如银行卡、电子钱包、电子现金、电子支票或网络银行账号等）。

（4）商家服务器对客户的订购信息进行检查、确认，并把相关的、经过加密的客户支付信息转发给支付网关，直到银行专用网络的银行后台业务服务器确认，以期从银行等电子货币发行机构验证得到支付资金的授权。

（5）银行验证确认后，通过建立起来的经由支付网关的加密通信通道，给商家服务器回送确认及支付结算信息，为进一步的安全，给客户回送支付授权请求（也可没有）。

（6）银行得到客户传来的进一步授权结算信息后，把资金从客户账号上转拨至商家银行账号上，借助金融专用网进行结算，并分别给商家、客户发送支付结算成功信息。

（7）商家服务器收到银行发来的结算成功信息后，给客户发送网络付款成功信息。

至此，一次典型的网络支付结算流程结束。商家和客户可以分别借助网络查询自己的资金余额信息，以进一步核对。

3. 网上支付常用工具

（1）信用卡。信用卡是主要的网上支付工具，是全世界最早使用的电子货币。信用卡是按用户的信用级别事先确定一个透支额度，用户可花完卡中的余额，并透支信用限额，透支额度有 5000 元、5 万元、10 万元等。信用卡发卡银行将对未结清的赊账收取一定的利息。

（2）电子支票/借记卡。在我国，借记卡的规模十分庞大。目前我国许多银行支持借记卡网上支付，借记卡成为现阶段人们进行电子支付的主要工具之一。持卡人只要在银行办理相关业务，即可使用借记卡进行网上支付。相对于信用卡来讲，借记卡的风险程度降低很多。

（3）电子现金。电子现金是一种以数据形式流通的货币。它把现金数值转换成为一系列的加密序列数,通过这些序列数来表示现实中各种金额的币值,用户在开展电子现金业务的银行开设账户并在账户内存钱后,就可以在接受电子现金的商家购物了。

(4) 其他各种电子货币。除了上述的信用卡、电子支票和电子现金外,还有电子零钱、在线货币、数字货币、电子钱包、在线支票等电子支付工具。这些支付工具的共同特点都是将现金或货币无纸化、电子化和数字化,利于在网络中传输、支付和结算,利于网络银行的使用,利于实现电子支付。

> **相关链接**
>
> ### 移动支付
>
> 移动支付,也称为手机支付,就是允许用户使用其移动终端(通常是手机)对所消费的商品或服务进行账务支付的一种服务方式。整个移动支付价值链包括移动运营商、支付服务商(如银行、银联等)、应用提供商(公交、校园、公共事业等)、设备提供商(终端厂商、卡供应商、芯片提供商等)、系统集成商、商家和终端用户。移动支付主要分为近场支付和远程支付两种。近场支付就是用手机刷卡的方式乘车、购物等,十分便利。
>
>
>
> 移动支付

4. 网上支付的特征

(1) 网上支付是采用先进的技术通过数字流转来完成信息传输的,其各种支付方式都是采用数字化的方式进行款项支付的。

(2) 网上支付的工作环境是基于一个开放的系统平台(即因特网)之中。

(3) 网上支付使用的是最先进的通信手段,如因特网、Extranet,对软、硬件设施的要求很高。

(4) 网上支付具有方便、快捷、高效、经济的优势。用户只要拥有一台智能手机或计算机,便可足不出户,在很短的时间内完成整个支付过程。网络支付可以完全突破时间和空间的限制,可以满足 24×7(每周 7 天,每天 24 小时)的工作模式,其效率之高是传统支付望尘莫及的。

(二) 第三方支付

1. 含义

在网上支付时会产生很多安全信任问题。比如,买卖双方互不信任,是先发货还是先交钱?此时需要第三方介入,第三方支付便应运而生。

所谓第三方支付,就是一些与各大银行签约,并具备一定实力和信誉保障的第三方独立机构提供的交易支持平台。在通过第三方支付平台的交易中,买方选购商品后,使用第三方平台提供的账户进行货款支付,由第三方通知卖家货款到达、进行发货;买方收货并检验物品后,就可以通知付款给卖家,第三方再将款项转至卖家账户。

第三方是买卖双方在缺乏信用保障或法律支持的情况下的资金支付"中间平台",买方将货款付给买卖双方之外的第三方,第三方提供安全交易服务,其运作实质是在收付款人之间设立中间过渡账户,使汇转款项实现可控性停顿,只有双方意见达成一致才能决定资金去向。第三方担当中介保管及监督的职能，并不承担什么风险，所以确切地说，这是一种支付托管行为，通过支付托管实现支付保证。

2. 第三方支付产品

目前中国国内的第三方支付产品主要有支付宝、微信支付、银联商务、银联在线、云闪付、壹钱包、拉卡拉、快钱、联动优势 UMP 和京东支付。

其中大众常用的支付应用是支付宝和微信钱包。在这两大支付巨头的侵蚀下，在一定程度上挤压了大部分第三方支付公司的生存空间。当今时代，第三方支付平台之间的竞争，已经不再是产品之间的竞争，而是商业模式之间的竞争。分拆上市、注资融资、社群＋金融、定期理财＋支付、场景＋金融、消费＋金融、场景＋支付、国内＋跨境双驱动等各种突破性和具有前瞻性的商业模式随之诞生。

3. 第三方支付特征

通过前面的知识可以看到，第三方支付具有一些自己显著的特点：

（1）第三方支付平台提供一系列的应用接口程序，将多种银行卡支付方式整合到一个界面上，负责交易结算中与银行的对接，使网上购物更加快捷、便利。

（2）利用第三方支付平台进行支付，操作更加简单而易于接受。

（3）第三方支付平台本身依附于大型的门户网站，且以与其合作的银行的信用作为信用依托，因此第三方支付平台能够较好地突破网上交易中的信用问题，有利于推动电子商务的快速发展。

4. 第三方支付流程

在第三方支付交易流程中，商家看不到客户的信用卡信息，同时又避免了信用卡信息因为在网络上多次公开传输而被窃的风险。以 B2C 交易为例的第三方支付模式的交流流程如图 4－1 所示。

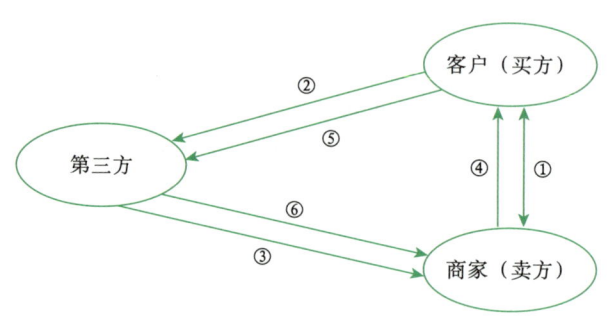

图 4－1　第三方支付流程

（1）客户在电子商务网站上选购商品，最后决定购买，买卖双方在网上达成交易意向；

（2）客户选择利用第三方作为交易中介，客户将货款划到第三方账户；

（3）第三方支付平台将客户已经付款的消息通知商家，并要求商家在规定时间内发货；

（4）商家收到通知后按照订单发货；

（5）客户收到货物并验证后通知第三方；

（6）第三方将其账户上的货款划入商家账户中，交易完成。

（三）网上银行

1. 概念

无论是移动支付还是第三方支付，都需要一个平台支撑——网上银行（网银）。网上银行又称为"网络银行""在线银行"，它通过 Internet 为用户提供全方位、全天候、便捷、实时的金融服务，它几乎可以支持与传统银行相同的各种业务。网上银行是基于 Internet 的分布式、多平台的虚拟银行，是计算机技术、现代通信技术特别是 Internet 蓬勃发展的成果，也是银行为迎合电子商务发展的必然结果。它把银行业务带入了超越时空限制的全新时代，是网络经济最重要的特征之一，也是电子支付体系中重要的组成部分。

2. 网上银行的发展

1995 年 10 月，全世界第一家网上银行 Security First Network Bank（SFNB）在美国成立，员工只有 19 个人，所有交易都是通过 Internet 进行。1996 年存款余额为 1400 万美元，1997 年攀升至 4 万多亿美元。网上银行代表了全新的业务模式和银行未来的发展方向，随着 Internet 的商业应用普及，众多大型银行看到它的巨大潜力和发展前景，纷纷步 SFNB 后尘，建立自己的网上银行。

我国商业银行很快跟上了这股金融业发展潮流。1996 年，招商银行率先推出"一卡通"网上支付服务，实现了个人金融柜台、ATM 机的全国联网，形成了中国网上银行的经营模式。1997 年 10 月，中国工商银行在 Internet 上建立起主页，宣传自己的金融业务，为客户提供服务指南。1998 年 3 月 6 日，中国银行成功地进行了第一笔电子交易。目前，国内各家银行都投入了大量资金，先后建立了自己的网上银行系统。

3. 网上银行的功能

银行电子化的应用包括六个方面：办公自动化系统、客户服务支持系统、业务处理系统、信息发布系统、支付系统和网络银行系统。网络银行只是银行电子化的一个方面。网络银行的功能一般包括银行业务项目、信息发布以及商务服务。其业务项目主要包括：

（1）个人银行业务。个人银行业务主要包括网上开户、清户、账户余额查询、交易明细查询、利息的查询、电子转账、票据兑现、理财等。

（2）网上信用卡业务。网上信用卡业务包括网上信用卡申办，查询信用卡账单，银行向持卡人发送电子邮件、信用卡授权和清算。例如，用户通过网络提出申办意向；持卡人可以通过网络查询用卡明细，银行每月可向他们提供对账单，不仅让客户更快地收到信息，而且提高了银行工作效率，节约了纸张；银行在网上还可以对特约商户进行信用卡业务授权、清算、传送黑名单等。

（3）多种付款方式。提供电子现金、电子支票、IC 卡、智能卡等付款方式。

（4）国际业务。国际业务包括经网上进行的资金汇入、汇出，个人和企业在网上查询贷款利率，申请贷款，银行根据以往信用记录决定贷款。

（5）特色服务。依据每个网络银行的服务而不同，常见的特色服务有提供免费下载金融管理软件，利用 Internet 网络向客户直接促销新的金融商品，并以此寻求潜在客户。

（6）商务服务。包括投资理财、资本市场、政府服务等功能。

网上支付

二、教学活动

（一）活动内容

借助互联网平台，登录支付宝（https：//www.alipay.com/）首页，注册支付宝账号，然后通过淘宝网（https：//www.taobao.com/）购买商品，对比分析传统支付与网上支付流程的差异，明确传统支付与网上支付的区别，通过实践活动感受网上支付的真正内涵和魅力。

（二）活动要求

（1）首先用自己的电子邮箱，在支付宝首页注册用户。

（2）完成注册后，开始在淘宝上进行购物活动，并将传统支付与网络支付比较分析，以书面文档的形式发送至教师邮箱，小组之间要进行沟通与评价。

（3）把支付宝注册成功和购物支付成功的截图发送至教师邮箱。

（4）实训时间：2课时。

（三）操作步骤

1. 用邮箱注册支付宝个人账户

第一步，打开http：//www.alipay.com，点击"免费注册"，见图4－2。

图4－2　支付宝个人账户注册

第二步，点击"个人账户"，输入邮箱地址和验证码，点击"下一步"，见图4－3。

图 4-3　个人账户验证

第三步，点击"立即查收邮件"，如果没有收到邮件，可点击"重新发送邮件"，见图 4-4。

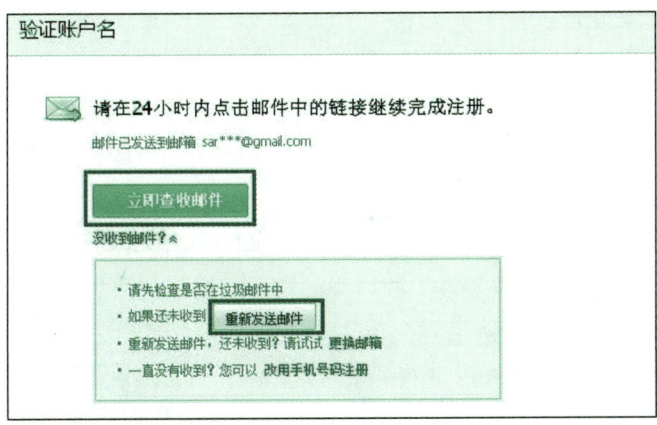

图 4-4　邮件查收

第四步，收到激活支付宝账户的邮件，点击"继续注册"；填写个人信息后，点击"确定"，见图 4-5。

图 4-5　账户激活

提示："真实姓名"必填，且需要填写真实姓名，注册完成后不可修改。

第五步，注册成功（见图4-6）。会有两种情况：

（1）通过身份信息验证，注册成功，可以使用支付宝所有功能。

（2）未通过身份证验证，可以在网上购物，但不可以充值、查询收入明细，收款金额会被冻结；原来已有支付宝账户通过了实名认证，则点击"关联认证"操作。

图4-6 注册成功页面

2. 淘宝购物流程

在淘宝网购买商品是支持支付宝交易的，简单分以下四步（不区分境内境外）：

第一步：拍下宝贝；

第二步：付款（此付款动作是把钱付到支付宝）；

第三步：等待卖家发货；

第四步：确认收货（此动作是在收到货品没有问题的情况下，把之前支付到支付宝的钱打款给卖家）。

例如，你看中了卖家店铺中的其中一件宝贝，想购买，操作步骤如下：

第一步：选择购买前如对商品信息有任何疑问，可先点击 和我联系 ，通过阿里旺旺聊天工具联系卖家咨询，确认无误后，点击"立刻购买"，见图4-7。

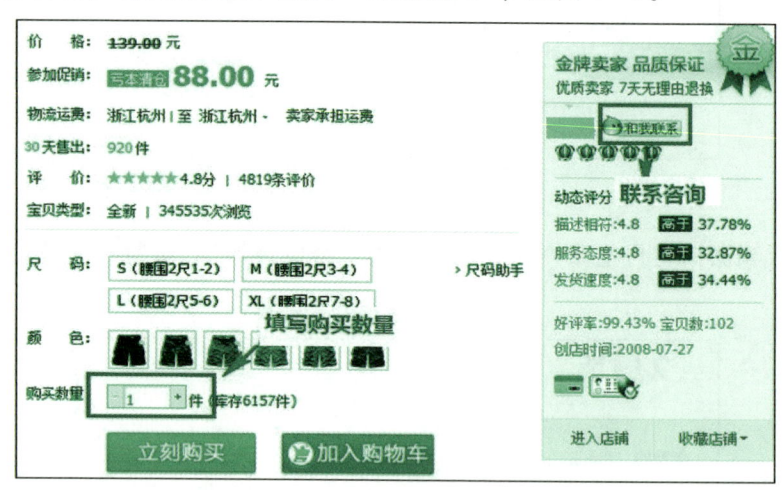

图4-7 购买信息

第二步：确认收货地址、购买数量、运送方式等要素，点击"提交订单"。

第三步：买家可进入"我的淘宝"—"我的首页"—"已买到的宝贝"页面查找到对应的交易记录，交易状态显示"等待买家付款"，该状态下卖家可以修改交易价格，待交易付款金额确认无误后，点击"付款"，见图4-8。

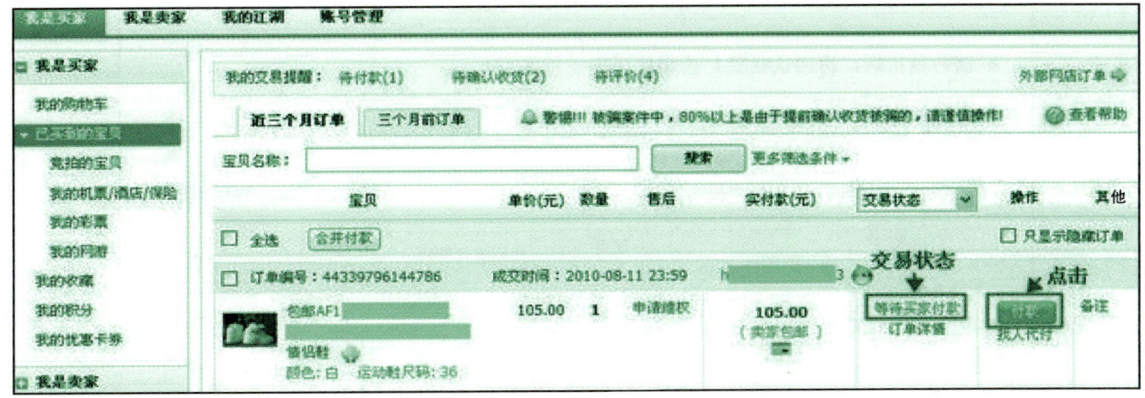

图 4-8 付款信息

第四步：进入付款页面（见图 4-9），付款成功后，交易状态显示为"买家已付款"，需要等待卖家发货。

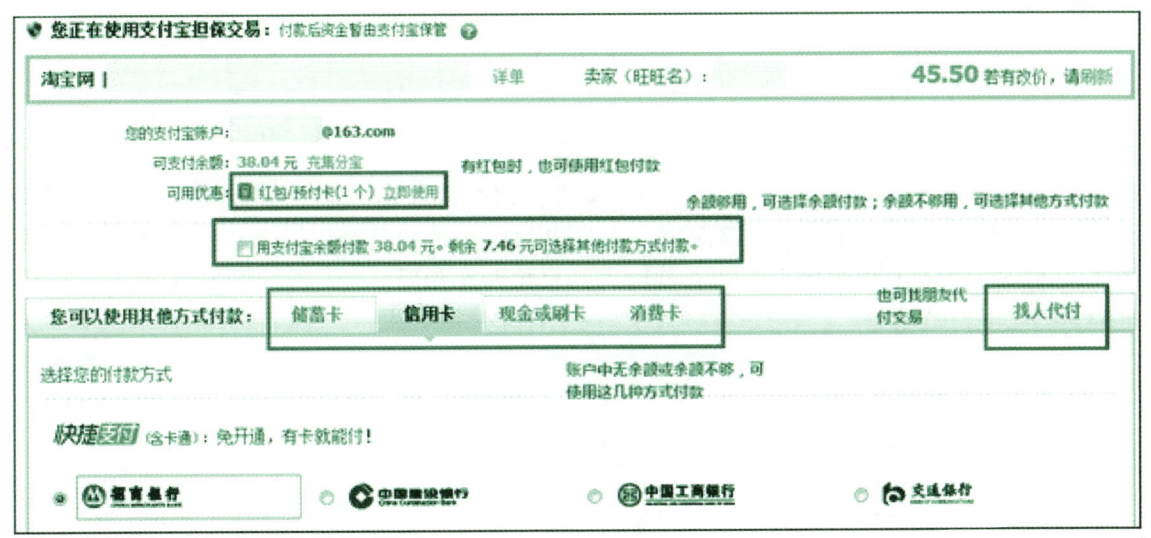

图 4-9 付款页面

第五步：待卖家发货后，交易状态更改为"卖家已发货"。待收到货确认无误后，点击"确认收货"，见图 4-10。

图 4-10 确认收货

第六步：输入支付宝账户支付密码，点击"确定"，见图 4-11。

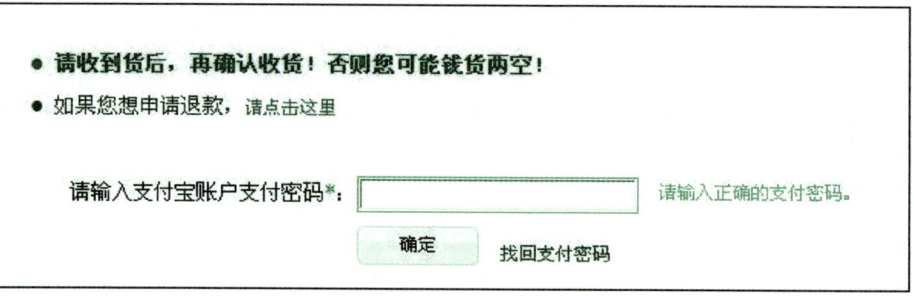

图4-11 支付密码

交易状态显示为"交易成功",说明交易已完成,见图4-12。

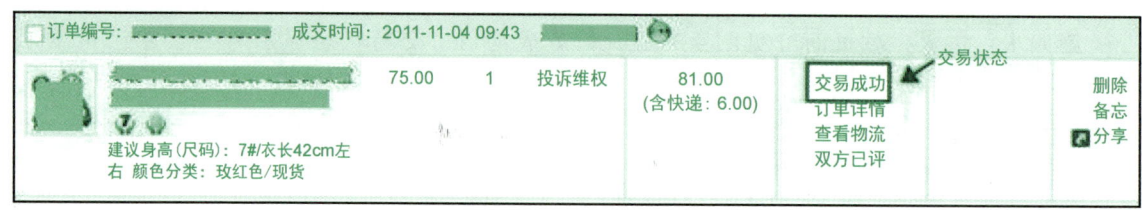

图4-12 交易成功

如果买家看中了同一卖家店铺中的多件宝贝,则可以选择"加入购物车",最后一起购买支付,这样可能还能够参加店铺促销。购买成功后多件宝贝会以一个订单形式展现(见图4-13),后续交易流程同点击"立刻购买"直接购买相同。

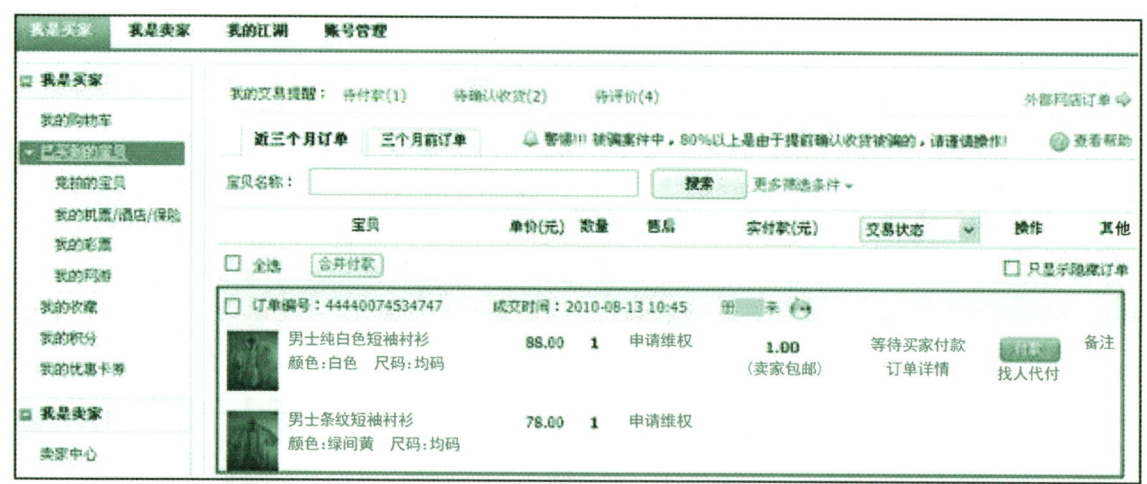

图4-13 订单合并

(四) 拓展训练

(1) 请在互联网上搜索并浏览以下第三方支付网站,并分析这些网站和支付宝有何不同之处。

国付宝 http://www.gopay.com.cn/

银联在线 https://www.chinapay.com
财付通支付 https://www.tenpay.com
快钱网上支付 http://www.99bill.com

（2）请同学们尝试在支付宝中使用"快捷支付"完成一次网上购物活动，体验网上支付的特点，并总结在交易中需要注意的事项，分组进行交流。

> **提示：** 快捷支付是支付宝联合各大银行推出的支付方式。只要你有银行卡，就可以在支付宝付款，付款时无须登录网上银行。快捷支付提供手机校验码和支付宝支付密码双重保障。付款方无须支付手续费。

课后提升

第三方支付领军人——支付宝

支付宝（中国）网络技术有限公司是国内领先的独立第三方支付平台，是由原阿里巴巴集团CEO马云先生在2004年12月创立的第三方支付平台，是阿里巴巴集团的关联公司。

支付宝成立以来，为电子商务各个领域的用户创造了丰富的价值，成长为全球最领先的第三方支付公司之一。创造了一个又一个的奇迹。2017年天猫"双11"，全球消费者通过支付宝完成的支付总笔数达到14.8亿笔，比2016年增长41%。相当于在"双11"这一天，平均每个中国人在支付宝上完成超过1笔支付。2017年"双11"当天，全球225个国家和地区的剁手党加入天猫"双11"全球狂欢节，成交额超1682亿元。

支付宝不断创新自己的产品技术、理念，利用庞大的用户群吸引越来越多的互联网商家主动选择支付宝作为其在线支付体系。除淘宝和阿里巴巴外，支持使用支付宝交易服务的商家已经超过46万家，涵盖了虚拟游戏、数码通信、商业服务、机票等行业。

（案例引自新浪网）

国内外电子商务安全事件举例

随着电子商务的普及，网络安全引发普遍担忧。孟加拉央行8100万美元失窃，厄瓜多尔Banco del Austro银行1200万美元被盗，越南先锋银行也被曝出黑客攻击未遂。近一年来黑客利用SWIFT系统漏洞入侵了一家又一家金融机构。

事件一　俄罗斯央行遭黑客攻击，3100万美元不翼而飞

2016年12月，俄罗斯中央银行官员瑟乔夫证实，该行计算机系统遭到了黑客入侵，犯罪分子从银行的代理账户中窃走了20亿卢布（约3100万美元）的资金。瑟乔夫透露，黑客是通过伪造一名用户的证书进入的这些账户。紧接着，俄罗斯第二大银行VTB再遭黑客攻击，幸运的是，银行方面的防御体系成功击退了指向其业务系统的DDoS攻击，未造成资金损失。

事件二 雅虎曝史上最大规模信息泄露，5亿用户资料被窃

2016年9月，雅虎突然宣称其至少5亿条用户信息被黑客盗取，其中包括用户姓名、电子邮箱、电话号码、出生日期和部分登录密码。此次雅虎信息泄漏事件被称为史上最大规模互联网信息泄露事件，也让正在出售核心业务的雅虎再受重创。11月，在提交给美国证券交易委员会的文件显示，雅虎提醒投资者注意，Verizon可能会因为大规模电子邮件被黑事件而放弃48亿美元收购雅虎的交易。

事件三 凯悦连锁酒店超过50%遭到恶意软件入侵

凯悦酒店集团对外称，从2015年8月13日到12月8日，凯悦集团旗下的627家连锁酒店中有318家酒店遭到恶意软件入侵。这些恶意软件的攻击目的就是窃取信息。

凯悦集团公布了其旗下分布于世界各地的遭到恶意软件入侵的酒店名册。根据这份名册，全球有54个国家的凯悦酒店遭到安全入侵。这些国家包括美国、英国、中国、德国、日本、意大利、法国、俄罗斯和加拿大等，其中中国有22家。

事件四 "双12"前夜，某购物网站12G用户数据疑似泄露

黑市上出现重磅"炸弹"，一个12G的数据包开始流通，其中包括用户名、密码、邮箱、QQ号、电话号码、身份证等多个维度，数据多达数千万条。而黑市买卖双方皆称，这些数据来自某购物网站。某购物网站随后回应：该数据源于Struts 2安全漏洞问题，已经完成了系统修复，同时针对相关用户进行了安全升级提示，确实有极少部分用户未及时升级，依然存在一定风险。

2015年是大数据元年，2016年是大数据爆发的一年，而在2017年，各国围绕网络空间安全的角逐将更加激烈，工业控制系统、大数据、云计算等领域面临的网络安全风险进一步加大，数据安全领域急需更专业、更深入的研究，以便通过有效的网络安全防护技术，增强电子商务安全保障的实力。

案例来源：百度。

巩固提高

一、填空题

1. （　　　　）是电子支付的一种形式，它是通过第三方提供的与银行之间的支付接口进行的即时支付方式，这种方式的好处在于可以直接把资金从用户的银行卡中转账到网站账户中，汇款马上到账，不需要人工确认。

2. 网上支付常用工具包括（　　　　）、（　　　　）、（　　　　）。

二、简答题

1. 简述网上支付的特点。
2. 简述第三方支付的优点。

任务二
了解电子商务安全技术

任务描述
当我们通过淘宝、京东商城等电子商务网站进行电子商务支付时,你是否担心自己的密码被别人盗取或者进入到假的网络银行?本节任务就是让我们来认识电子商务的常见安全技术。

任务目标
本任务要求学生通过相关知识了解安全技术,领会其内涵与功能,并能够通过金山毒霸等安全软件的使用,认识到电子商务安全技术的重要性。

任务实施

一、知识准备

(一) 电子商务面临的安全威胁

电子商务以互联网为基础,网络的开放性也带来了诸多麻烦,如黑客入侵、病毒破坏、系统漏洞等,这些不可预知的问题给企业带来的损失是不可估量的。要想更为有效并高效地利用电子商务这个平台,这些问题就必须要引起高度的重视。

1. 平台的自然物理威胁

由于电子商务通过网络传输进行,因此诸如电磁辐射干扰以及网络设备老化带来的传输缓慢甚至中断等自然威胁难以预测,而这些威胁将直接影响信息安全。此外,人为破坏商务系统硬件、篡改/删除信息内容等行为,也会给企业造成损失。

此外,通过电磁辐射、搭线窃听以及串音等手段,都可以让恶意攻击者通过接收装置来截取企业的信息,或者通过分析文件代码,获取账户密码等私密信息,以企业身份进行消费或发言,这对企业造成的损失更是难以估计。

2. 黑客入侵

黑客是 Hacker 的音译,专指对别人的计算机系统进行非法入侵者。不少黑客带着偷盗窃取和蓄意破坏等动机,专门搜集他人隐私,恶意篡改他人重要数据,进行网上诈骗。盗窃他人网上资金账户,给社会及人们的生活带来极大的破坏。而目前黑客所惯用的木马程序则更有目的性,本地计算机所记录的登录信息都会被木马程序篡改,从而造成信息之外的文件和资金遭窃。

3. 病毒破坏

病毒是由程序员所编写的计算机程序,它采用了独特的设计,可以在受到某个事件触发时,复制自身,并感染计算机,病毒可以通过某个外界来源进入网络,使网络感染病毒。在诸多威胁中,病毒是最不可控制的,其主要作用是损坏计算机文件,且具有繁殖功能。网络环境越来越便捷,计算机病毒的破坏力也在与日俱增。据不完全统计,目前全世界已发现的计算机病毒近 6 万多种,且每个月都会发现数百种新病毒和病毒变体。病毒破坏成为企业开展电子商务所面临的信息安全的重大威胁。

4. 预置陷阱

预置陷阱是指在信息系统中人为地预设一些陷阱,以干扰和破坏计算机系统的正常运行。在对信息安全的各种威胁中,预置陷阱是危害最大、最难预防的一种威胁。一般分为硬件陷阱("芯片级"陷阱)和软件陷阱("代码级"陷阱)两种。

商务软件本身也可能存在一定的漏洞,任何一种商务软件的程序都具有复杂性和编程多样性,而对于程序而言,越复杂意味着漏洞出现的可能性越大。这样的漏洞加上操作系统本身存在的漏洞,再加上 TCP/IP 通信协议的先天安全缺陷,电子商务信息安全就像是一扇扇可打开的门,遭遇威胁的可能性随着计算机网络技术的不断普及而越来越大。

(二)电子商务安全技术概述

1. 信息安全

信息安全在电子商务系统中的作用非常重要,它守护着商家和客户的重要机密,维护着商务系统的信誉和财产,同时为服务方和被服务方提供极大的方便。因此,只有采取了必要和恰当的技术手段才能充分提高电子商务系统的可用性和可推广性。电子商务系统中使用的安全技术包括网络安全技术、加密技术、数字签名、密钥管理技术、认证技术、防火墙技术以及相关的一些安全协议标准等。

2. 电子商务安全交易的主要协议标准

(1)安全超文本传输协议(HTTPS):依靠密钥对的加密,保障 Web 站点间的交易信息传输的安全性。

(2)安全套接层协议(SSL):由 Netscape 公司提出的安全交易协议,提供加密、认证服务和报文的完整性。SSL 被用于 Netscape Communicator 和 Microsoft IE 浏览器,以完成需要的安全交易操作。

(3)安全交易技术协议(STT,Secure Transaction Technology):由 Microsoft 公司提出,STT 将认证和解密在浏览器中分离开,用以提高安全控制能力。Microsoft 在 Internet Explorer 中采用这一技术。

(4)安全电子交易协议(SET,Secure Electronic Transaction):1996 年 6 月由 IBM、MasterCard International、Visa International、Microsoft、Netscape、GTE、VeriSign、SAIC、Terisa 就共同制定的标准 SET 发布公告,并于 1997 年 5 月底发布了 SET Specification Version 1.0,它涵盖了信用卡在电子商务交易中的交易协定、信息保密、资料完整及数据认证、数据签名等。

SET 规范明确的主要目标是保障付款安全,确定应用的互通性,并被全球市场接受。所有这些安全交易标准中,SET 标准以推广利用信用卡支付网上交易而广受各界瞩目,它成为网上交易安全通信协议的工业标准,有望进一步推动 Internet 电子商务市场。

3. 电子商务的安全技术

基于电子商务信息安全的要求,可以通过以下电子商务信息安全技术确保它的安全。目前实现电子商务信息安全的技术包括加密技术、数字证书、防火墙技术、认证技术等。

(1) 加密技术。加密就是把数据和信息(明文)转换为不可辨识的形式(密文)的过程。它使不应了解该数据和信息的人不能知道和识别。欲知密文的内容,需将其转变为明文,这就是解密过程。加密和解密组成加密系统,明文和密文统称为"报文"。加密技术的一般实现流程,如图4-14所示。

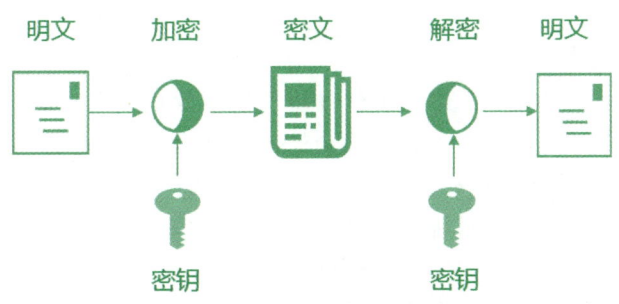

图4-14 加密解密过程

(2) 数字证书。数字证书就是数字凭证,是利用电子手段证实用户的真实身份和对网络资源的访问权限,由CA中心签发。数字证书可提供证实电子商务参与方的身份、保证操作的不可抵赖性、保证交易数据不被篡改、数据加密等功能。主要包括:①个人数字证书;②服务器数字证书;③代码签名数字证书。

数字证书颁发过程一般为:用户向注册中心提出申请、注册中心进行受理,为用户产生密钥对,生成一个数字证书请求文件,认证中心进行核实,然后进行签名生成数字证书。

(3) 防火墙技术。防火墙有网络防火墙和计算机防火墙。网络防火墙是指在外部网络和内部网络之间设置网络防火墙。这种防火墙又称"筛选路由器"。网络防火墙检测进入信息的协议、目的地址、端口(网络层)及被传输的信息形式(应用层)等,滤除不符合规定的外来信息。网络防火墙也对用户向外部网络发出的信息进行检测(见图4-15)。

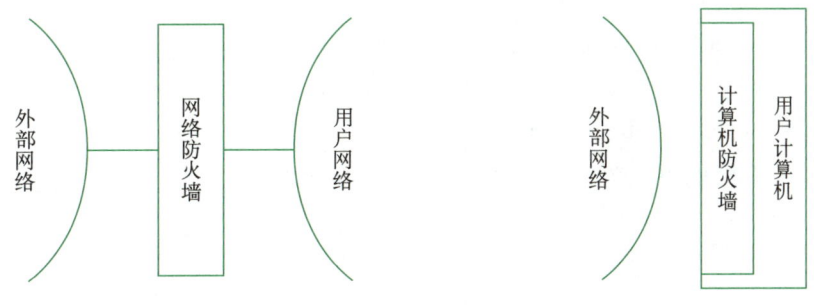

图4-15 防火墙

计算机防火墙是指在外部网络和用户计算机之间设置防火墙。计算机防火墙也可以是用户计算机的一部分。计算机防火墙检测接口规程、传输协议、目的地址及/或被传输的信息结构等,将不符合规定的进入信息剔除。计算机防火墙也对用户计算机输出的信息进行检查,并加上相应协议层的标志,用以将信息传送到接收用户的计算机(或网络)中去。

(4)认证技术。认证技术是网络安全技术的重要组成部分之一。"认证"指的是证实被认证对象是否属实和是否有效的一个过程。其基本思想是通过验证被认证对象的属性来达到确认被认证对象是否真实有效的目的。被认证对象的属性可以是口令、数字签名或者像指纹、声音、视网膜这样的生理特征。认证常常被用于通信双方相互确认身份,以保证通信的安全。一般可以分为两种:身份认证,用于鉴别用户身份;消息认证,用于保证信息的完整性和抗否认性。在很多情况下,用户要确认网上信息是不是假的,信息是否被第三方修改或伪造,就需要消息认证。

4. 电子商务安全的常用软件

大部分用户在网上支付时不使用安全软件或使用率低是导致安全问题频频发生的主要原因。对于普通用户而言,最好的电子商务安全软件就是杀毒软件。杀毒软件是用于消除计算机病毒、木马病毒和恶意软件的一类软件。杀毒软件通常集成监控识别、病毒扫描和清除以及自动升级等功能,有的杀毒软件还带有数据恢复等功能,是计算机防御系统(包含杀毒软件、防火墙、恶意软件的查杀程序、入侵预防系统等)的重要组成部分。杀毒软件的任务是实时监控和扫描磁盘。部分杀毒软件通过在系统添加驱动程序的方式,进驻系统,并且随操作系统启动。大部分的杀毒软件还具有防火墙功能。

杀毒软件的实时监控方式因软件不同而有所差异。有的杀毒软件是通过在内存里划分一部分空间,将计算机里流过内存的数据与杀毒软件自身所带的病毒库(包含病毒定义)的特征码相比较,以判断是否有病毒。另一些杀毒软件则在所划分到的内存空间里面,虚拟执行系统或用户提交的程序,根据其行为或结果作出判断。而扫描磁盘的方式,是杀毒软件将磁盘上所有的文件(或者用户自定义扫描范围内的文件)做一次检查。

常见杀毒软件如卡巴斯基、诺顿、麦咖啡是世界上排名前几位的杀毒软件,瑞星、金山毒霸、360杀毒是国内几个比较不错的杀毒软件。

> **相关链接**
>
> **常用杀毒软件官方网址**
>
> (1) Norton AntiVirus 诺顿 http://cn.norton.com
> (2) Kaspersky 卡巴斯基 http://www.kaspersky.com.cn
> (3) 瑞星 http://www.rising.com.cn
> (4) 金山毒霸 http://www.ijinshan.com
> (5) 360杀毒 http://www.360.cn

二、教学活动

(一)活动内容

以金山毒霸为例,通过病毒查杀、防火墙及数据恢复等操作,掌握电子商务安全软件的使用方法,了解电子商务安全技术的重要性。

（二）活动要求

（1）首先为自己的计算机安装杀毒软件，然后使用杀毒软件查杀 U 盘病毒和指定位置的病毒。

（2）对自己的计算机网络安全进行设置。

（3）使用金山毒霸数据恢复功能，恢复误删除的数据。

（4）实训时间：2 课时。

（三）操作步骤

（1）下载杀毒软件最新版，然后进行安装。

> 提示：现在国产杀毒软件个人版绝大多数都已经免费使用了，在使用时到官方网站下载最新版本使用。

（2）查杀计算机病毒：点击金山毒霸主界面，选择"电脑杀毒"，见图 4－16。

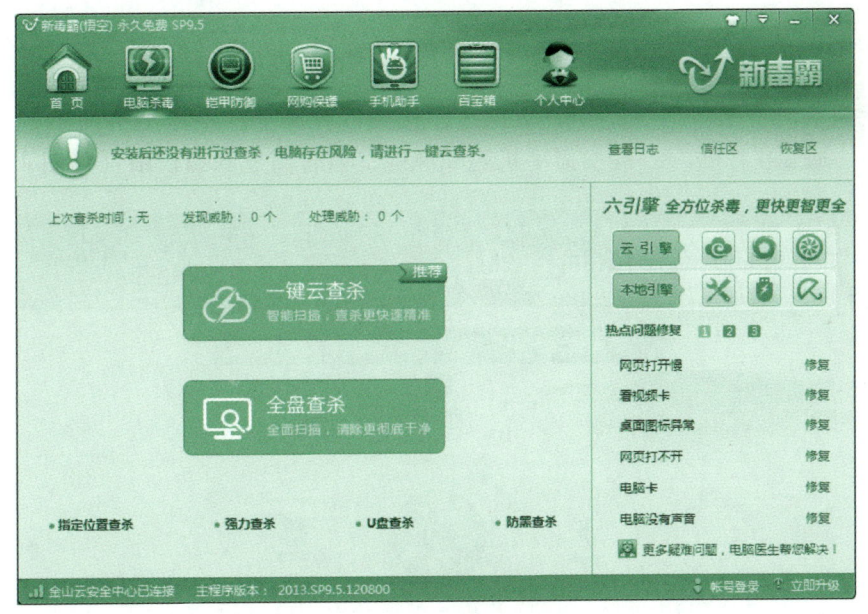

图 4－16　金山毒霸主界面

根据不同用户的需要，新毒霸提供了两种常用的病毒查杀模式，在"电脑杀毒"页面可以直接进行选择。

- **一键云查杀**：智能扫描，查杀更快速精准、更全面彻底，杀毒修复一体化。"六"杀毒引擎，层层嵌入式立体杀毒。"一"修复引擎即断网修复、系统文件修复、精准修复系统异常，计算机病毒和系统异常一键快速解决。
- **全盘查杀**：全面扫描，清除更彻底干净。此模式将对计算机的全部磁盘文件系统进行完整扫描，某些病毒入侵系统后不仅仅破坏系统文件，也会在其他部分进行一些恶意破坏行为，选择此模式将对计算机系统中全部文件逐一进行过滤扫描，彻底清除非法侵入并驻留系统的全部病毒文件，见图 4－17。

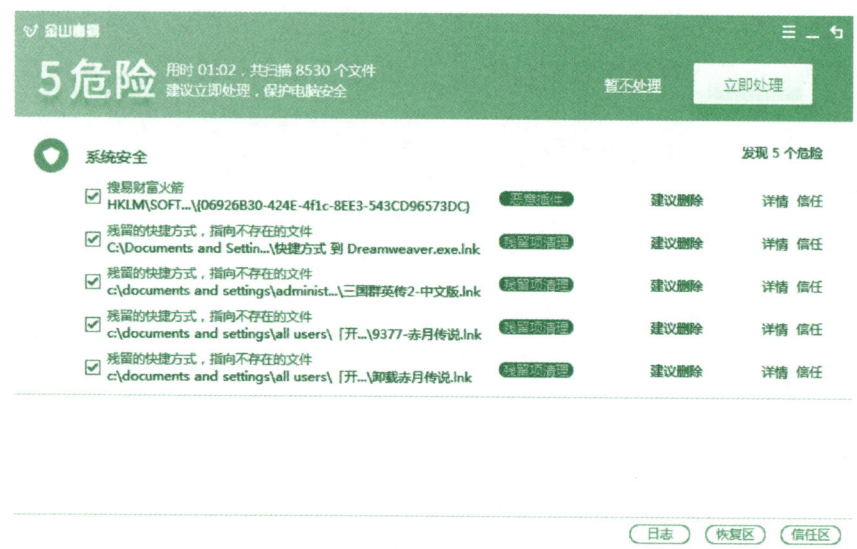

图 4-17　计算机病毒查杀

(3) 手机病毒查杀：把手机 USB 数据线连接到计算机上，点击手机助手，完善清除软件内置广告、通知栏广告。一键扫描手机隐私风险，监管高危隐私权限（见图 4-18）。

图 4-18　手机病毒查杀

(4) 数据恢复。不小心操作导致误删除文件、不小心格式化硬盘、不小心清理掉回收站中的重要文档、不小心 U 盘中毒导致文件损坏，以上均可使用金山数据恢复。产品使用方法：点击"个人中心"（见图 4-19）。

项目四 了解网上支付与安全

图 4-19 金山数据恢复

在个人中心—数据恢复或在毒霸主界面的百宝箱中点击"数据恢复"（见图 4-20）。

图 4-20 个人中心数据恢复

百宝箱—数据恢复。点击"数据恢复",如图4-21所示。

图4-21　百宝箱数据恢复

以"误删除文件"为例。点击"误删除文件"(见图4-22)。

图4-22　误删除文件

选择扫描的盘符,点击"下一步"(见图4-23)。

图 4 – 23 恢复误删除文件

扫描结束,选择要恢复的文件,点击"下一步"(见图 4 – 24)。

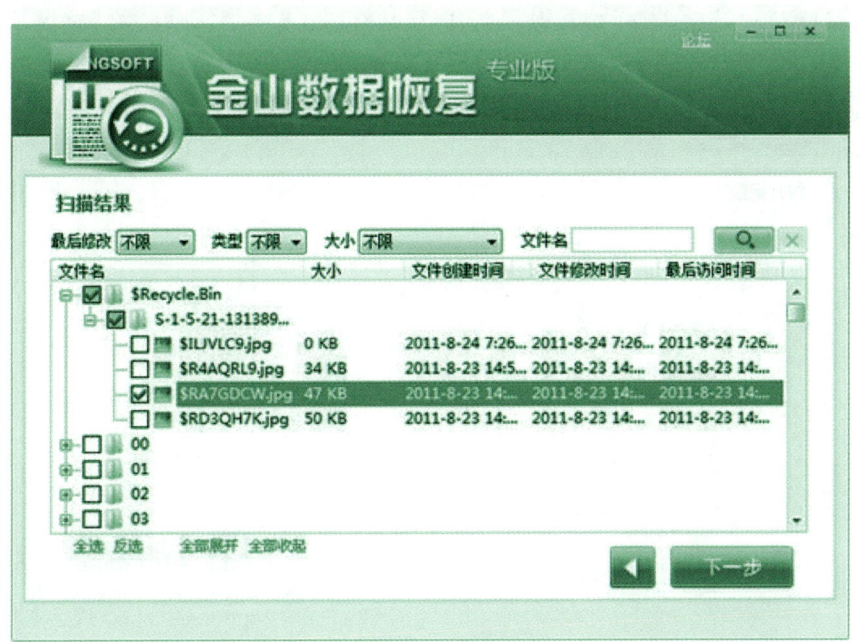

图 4 – 24 选择要恢复文件

选择恢复文件存放的路径,点击"确定"(请不要把要恢复的文件存放在原来的盘上,如扫描了 C 盘并想恢复其中的文件,则请把恢复文件存放在 D 或 E 或 F 盘中),如图 4 – 25 所示。

图 4-25 选择恢复路径

文件恢复完成（见图 4-26）。

图 4-26 恢复完成

（四）拓展训练

（1）请登录常见安全软件网站，并分析这些安全软件有何不同之处。

● Norton AntiVirus 诺顿 http://cn.norton.com。

- Kaspersky 卡巴斯基 http：//www.kaspersky.com.cn。
- 瑞星 http：//www.rising.com.cn。
- 金山毒霸 http：//www.ijinshan.com。
- 360 杀毒 http：//www.360.cn。

（2）安装手机杀毒软件，对手机安全进行设置。

课后提升

全球 20 万台计算机遭病毒勒索

中新网 2017 年 5 月 15 日发布新闻，据外媒报道，欧洲刑警组织指出，截至欧洲时间 5 月 14 日早上，多达 150 个国家的 20 万台计算机遭"想哭"勒索病毒（WannaCry）侵害。预料，到 15 日，人们回返公司上班，这一数字还会进一步增加。

报道称，一些网络保安专家指出，截至 14 日早上，"想哭"病毒的侵害速度已经放慢，但是，这一停歇时段是短暂的。

此次网络袭击的范围是此前未见的，受害者多是商家，包括许多大企业。

据了解，此轮黑客攻击从 12 日开始，全球包括欧美和亚洲等地至少 150 个国家的政府机构、银行、工厂、医院、学府的计算机系统先后遭黑客攻击。俄罗斯和印度的情况最严重，这两个国家"仍广泛使用最容易中招的微软视窗 XP 系统"。

这一计算机病毒主要针对运行微软视窗系统的计算机。计算机受感染后会显示一个信息，即系统内的档案已被加密，用户须向黑客支付约 300 美元的比特币来赎回档案。若 3 天内未收到赎金，这笔钱将翻倍；若 7 天内还是没收到，就会把所有文件删除。

多家网络保安公司认定，该病毒源自美国国家安全局病毒武器库。4 月份，美国国安局遭遇泄密事件，其研发的多款黑客攻击工具外泄。

多名计算机保安专家和政府官员都呼吁受害者不要向黑客妥协。美国国土安全部的计算机紧急应对小组称，支付赎金也不能保证加密文件会被释放，而且还可能让这些黑客获得他们的银行信息。

专门调查勒索软件攻击的私人安保公司 Elliptic 称，黑客列出的比特币地址所收到的赎金大约有 32000 美元。

由于黑客随时可能再次发动袭击，全球各地的机构和企业在周末加强保安措施，加紧采用微软公司早前和 12 日发出的补丁，修补自家计算机里的微软视窗系统的漏洞。

一些专家指出，修补中毒计算机系统的费用很高。网络保安公司 Symantec 估计，受侵害的政府机构和私营企业需花费数以百万计的资金来清理计算机系统里的病毒以及还原遭侵害的加密数据。

案例来源：百度。

互联网支付安全工具被忽略

调研数据显示，目前在网民面临的各类安全问题中，"账户密码被盗"和"遭遇木马钓鱼"造成资金损失的占比分别达到 33.9% 和 24%，成为网民的头号大敌。但跟庞大的网上支付群体和交易量相比，目前国内拥有网络支付账户且曾遇到过安全问题的用户比例不到万分之五，只要注意采取必要的安全措施，风险比例总体在可控范围内。

在易观国际的调研中，88%的用户表示关注过网络支付安全问题，甚至有超过30%使用过网上支付的用户认为自己在使用网络支付过程中曾遇到过安全问题。调查发现，网络支付用户中"安装数字证书"的用户仅占14.9%，"支付账户申请使用手机动态口令"的占21.4%，"支付账户绑定手机账户动态提醒"的占24%，安装杀毒软件并定期升级更新的占32%，使用比例最高的U盾和动态密码器的总安装比例也仅为47.2%。

案例来源：CIO时代网。

巩固提高

一、填空题

1. 电子商务系统中使用的安全技术包括（　　　）、（　　　）、（　　　）和（　　　）等。
2. 电子商务安全交易主要的协议标准有：（　　　）和（　　　）。
3. 常见的国内外优秀杀毒软件有（　　　）、（　　　）、（　　　）和（　　　）等。

二、简答题

1. 简述电子商务面临的安全威胁。
2. 简述电子商务的安全技术。

任务三
电子商务安全交易相关法律法规

任务描述

当电子商务如火如荼地发展时，其中的商业纠纷、安全等问题就凸显出来。电子商务发展速度快，而相关法律制定时间短，成为制约其发展的一个因素。本节任务就是让我们来认识电子商务运营与发展中急需掌握的法律、法规知识。

任务目标

本任务要求学生通过相关知识了解与电子商务安全交易相关的法律法规，掌握网络交易安全防范措施，树立电子商务安全意识。

任务实施

一、知识准备

（一）《中华人民共和国电子签名法》

《中华人民共和国电子签名法》（以下简称《电子签名法》）于 2005 年 4 月 1 日施行。作为我国第一部"真正意义上的信息化法律"，它赋予了电子签名与传统的手写签名或盖章以同等的法律效力，使网上通行有了"身份证"。

所谓电子签名，是指数据电文中以电子形式所含、所附用于识别签名人身份并表明签名人认可其中内容的数据。也就是说，电子签名是采用密码技术对电子文档进行签名，并非书面签名的数据图像化，它类似于手写签名或印章。实现电子签名的技术手段有很多种，但目前比较成熟的、世界各国普遍使用的电子签名技术还是"数字签名"技术。目前《电子签名法》中提到的签名，就是指"数字签名"。

电子签名与传统手写签名和盖章具有同等的法律效力。《电子签名法》的颁布，是我国推进电子商务发展、扫除电子商务发展障碍的重要步骤。虽然舆论普遍认为《电子签名法》将会极大地促进电子商务在我国的快速发展，但在网络交易安全、相关法律衔接等"拦路虎"面前，有关专家认为，现阶段《电子签名法》的标志意义大于实际意义。

在《电子签名法》中，第二十七条到第三十三条明确了处罚责任：

第二十七条　电子签名人知悉电子签名制作数据已经失密或者可能已经失密未及时告知有关各方、并终止使用电子签名制作数据，未向电子认证服务提供者提供真实、完整和准确的信息，或者有其他过错，给电子签名依赖方、电子认证服务提供者造成损失的，承担赔偿责任。

第二十八条　电子签名人或者电子签名依赖方因依据电子认证服务提供者提供的电子签名认证服务从事民事活动遭受损失，电子认证服务提供者不能证明自己无过错的，承担赔偿责任。

第二十九条　未经许可提供电子认证服务的，由国务院信息产业主管部门责令停止违法行为；有违法所得的，没收违法所得；违法所得三十万元以上的，处违法所得一倍以上三倍以下的罚款；没有违法所得或者违法所得不足三十万元的，处十万元以上三十万元以下的罚款。

第三十条　电子认证服务提供者暂停或者终止电子认证服务，未在暂停或者终止服务六十日前向国务院信息产业主管部门报告的，由国务院信息产业主管部门对其直接负责的主管人员处一万元以上五万元以下的罚款。

第三十一条　电子认证服务提供者不遵守认证业务规则、未妥善保存与认证相关的信息，或者有其他违法行为的，由国务院信息产业主管部门责令限期改正；逾期未改正的，吊销电子认证许可证书，其直接负责的主管人员和其他直接责任人员十年内不得从事电子认证服务。吊销电子认证许可证书的，应当予以公告并通知工商行政管理部门。

第三十二条　伪造、冒用、盗用他人的电子签名，构成犯罪的，依法追究刑事责任；给他人造成损失的，依法承担民事责任。

第三十三条　依照本法负责电子认证服务业监督管理工作的部门的工作人员，不依法履行行政许可、监督管理职责的，依法给予行政处分；构成犯罪的，依法追究刑事责任。

（二）《网络交易管理办法》

2014年2月13日，国家工商行政管理总局颁布了《网络交易管理办法》（以下简称《办法》），自2014年3月15日起施行。

本《办法》的施行，使消费者的网购"后悔权"在法律和部门规章层面都获得支持。《办法》明确规定，消费者有权自收到商品之日起7日内退货，且无须说明理由。《办法》还规定，尚不具备工商登记注册条件的自然人，需第三方交易平台对其真实身份信息进行审查和登记，但未硬性规定必须办理营业执照。此外，对网络商品交易中"信用评价""推广"等必须如实披露信息，避免消费者误解等首次做出明确规定。《办法》指出：网络商品交易是指通过互联网（含移动互联网）销售商品或者提供服务的经营活动。

1. 通过微博有偿推广商品需进行明示

现状：一些网络企业会付费请名人或明星、网络"大V"等为其产品做"推广"，例如，夸赞某家销售的产品质量好、价格公道等，从而带来关注和提高销售量。有记者了解到，有些明星转发一条推广某产品的微博，要价已经超过了30万元，但微博中，并不会注明这是收费推广。

新规：根据《办法》，通过博客、微博等网络社交载体提供宣传推广等服务并因此取得酬劳的，应当如实明确披露其性质，避免消费者产生误解。应当积极协助工商行政管理部门查处网络商品交易相关违法行为，不得隐瞒其真实情况。

2. 交易平台不得任意调整网店"评级"

现状：在淘宝上，商家的桃心、钻石、皇冠、金皇冠等"标记"代表商家累计销售的数量。多数消费者会认为，上万笔生意的"皇冠店"貌似更可靠。这些销售数量累计的信用和消费者好评率是店主赖以生存的基础。

新规：《办法》鼓励第三方交易平台经营者为交易当事人提供公平、公正的信用评价服务。

3. 无理由退货不含鲜活易腐等特殊商品

现状：京东、1号店、淘宝等许多店铺均提供"无理由退货"服务，但是对于无理由退货的时间、运费由谁支付，哪类商品不能退货等未有明确的规定，导致常有消费者因此与商家发生纠纷和消费投诉。

新规：《办法》规定，有些商品不适用于"七日无理由退货"，包括：消费者定做的、鲜活易腐的、在线下载或者消费者拆封的音像制品、计算机软件等数字化商品和交付的报纸、期刊等特殊商品。此外，根据商品性质并经消费者在购买时确认不宜退货的商品，也不适用于无理由退货。

4. 在第三方平台开网店不强制办理营业执照

现状：有些在淘宝开店的个人，因在民宅经营，无注册地址、资金不足或各种原因无法办理营业执照。曾一度有传言称，所有网店均必须办理营业执照才能经营，这也引起不少开网店人士的担忧。

新规：《办法》规定，从事网络商品交易及有关服务的经营者，应当依法办理工商登记。但对于从事网络商品交易的自然人，未硬性规定必须办理营业执照。《办法》规定，经营者交易记录等其他信息记录备份保存时间从交易完成之日起不少于两年。

多数知名网站均签署过相关自律公约，保留后台信息两年或更久。

此外，针对网购过程中存在的一些典型侵权行为，《办法》相应规定，经营者不得确定最低消费标准或另行收取不合理的费用，不得作虚假宣传和虚假表示，不得使用"霸王条款"排除或限制消费者权利、减轻或免除经营者责任，不得泄露、出售或非法向他人提供消费者个人信息，不得未经消费者同意向其发送商业性电子信息等。

（三）《中华人民共和国电子商务法》

自2019年1月1日起，《中华人民共和国电子商务法》正式实施，这是我国电商领域首部综合性法律。

该法对一些基本概念/范畴和管理办法做出了相应规定。例如：

第九条　本法所称电子商务经营者，是指通过互联网等信息网络从事销售商品或者提供服务的经营活动的自然人、法人和非法人组织，包括电子商务平台经营者、平台内经营者以及通过自建网站、其他网络服务销售商品或者提供服务的电子商务经营者。

第二十一条　电子商务经营者按照约定向消费者收取押金的，应当明示押金退还的方式、程序，不得对押金退还设置不合理条件。消费者申请退还押金，符合押金退还条件的，电子商务经营者应当及时退还。

第三十八条　电子商务平台经营者知道或者应当知道平台内经营者销售的商品或者提供的服务不符合保障人身、财产安全的要求，或者有其他侵害消费者合法权益行为，未采取必要措施的，依法与该平台内经营者承担连带责任。对关系消费者生命健康的商品或者服务，电子商务平台经营者对平台内经营者的资质资格未尽到审核义务，或者对消费者未尽到安全保障义务，造成消费者损害的，依法承担相应的责任。

第三十九条　电子商务平台经营者应当建立健全信用评价制度，公示信用评价规则，为消费者提供对平台内销售的商品或者提供的服务进行评价的途径。电子商务平台经营者不得删除消费者对其平台内销售的商品或者提供的服务的评价。

（四）其他电子商务交易安全法律法规

（1）综合性法律，主要是《民法典》和《刑法》中有关保护交易安全的条文。

（2）规范交易主体的有关法律，如公司法、国有企业法、集体企业法、合伙企业法、私营企业法、外资企业法等。

（3）规范交易行为的有关法律，包括合同法、产品质量法、财产保险法、价格法、消费者权益保护法、广告法、反不正当竞争法等。

（4）监督交易行为的有关法律，如会计法、审计法、票据法、银行法等。

二、教学活动

（一）活动内容

使用搜索引擎，采集最近三年内电子商务安全交易法律纠纷典型案件，了解电子商务相关的法律法规,掌握网络交易安全防范措施,树立电子商务安全意识。

(二)活动要求

(1) 确定使用的搜索引擎。

(2) 对案例信息进行加工对比。

(3) 填写信息采集表格。

(4) 实训时间:2 课时。

(三)操作步骤

(1) 使用搜索引擎搜集最近三年的电子商务安全交易案例,注意关键字的使用。

(2) 对采集到的信息真伪进行核实。

(3) 按照"案例分析表"进行统计。

案例分析表

序号	案例名称	发生时间	主要案情	适用法律	备注

(四)拓展训练

(1) 请登录"中国政府网法律法规专栏",查看最近发布的电子商务相关法律法规。

(2) 登录"法律快车"网站,了解最新电子商务法律法规案例。

课后提升

儿童网络购物引纠纷

一个刚上小学二年级的男童,在某购物网站以他父亲李某的身份证号码注册了客户信息,并且订购了一台价值1000元的小型打印机。但是当该网站将货物送到李某家中时,曾经学过一些法律知识的李某却以"其子未满8周岁,为无民事行为能力人"为由,拒绝接收打印机并拒付货款。由此交易双方产生了纠纷。

李某主张,电子商务合同订立在虚拟的世界,却是在现实社会中得以履行,应该受现行法律的调控。依我国现行《民法典》第二十条的规定,一个不满8周岁的未成年人是无民事行为能力人,不能独立进行民事活动,应该由他的法定代理人代理民事活动。其子刚刚上小学二年级,未满8周岁,不能独立订立货物买卖合同,所以该打印机的网上购销合同无效,其父母作为其法定代理人有权拒付货款。

由于该男童是使用其父亲李某的身份证登录注册客户信息的,从网站所掌握的信息来看，与其达成打印机网络购销合同的当事人是一个有完全民事行为能力的正常人，而并不是此男童。由于网站是不可能审查身份证来源的，也就是说网站已经尽到了自己的注意义务，不应当就合同的无效承担民事责任。

案例来源：百度文库。

武汉九色家族电子商务有限公司网络刷单案

一、案情简介

2018年3月，武汉市工商局在对武汉九色家族电子商务有限公司检查中发现，当事人于2018年1月9日以员工手机号在"小买卖刷单平台"注册账号，以每单12~16元不等的刷单炒信服务费用，要求该刷单平台定期对其天猫网店的相关商品实施刷单炒信。截至2018年3月30日，当事人共计通过"小买卖刷单平台"雇用线下刷手刷商品销量和虚拟好评1861单，支付"小买卖"平台佣金22898元。通过刷单炒信，当事人天猫店铺的被刷单商品销售额达19.38万元，其行为违反了《中华人民共和国反不正当竞争法》的有关规定。

二、处理结果

武汉市工商局依据《中华人民共和国反不正当竞争法》的相关规定，责令当事人停止违法行为，并处以罚款30万元。

资料来源：腾讯·大楚网。

巩固提高

简答题

1. 简述中国电子商务的主要法律法规有哪些？
2. 简述《中华人民共和国电子签名法》的处罚责任。

课后习题：
了解网上支付与安全

项目五 探究电子商务物流

学习目标

- ☐ 理解物流、电子商务物流的含义、电子商务与物流的关系
- ☐ 了解物流在电子商务中的重要作用
- ☐ 掌握电子商务物流配送的特点、电子商务物流的主要应用模式
- ☐ 能够区分电子商务物流三种模式的优缺点和适用范围

任务一 理解电子商务物流

任务描述

每年的"双11"前后,电商的促销活动铺天盖地。"双11剁手季",销量猛涨、包裹量激增,人们在感慨电商平台优惠力度增加的同时,也不禁唏嘘,物流压力在逐年加大。据悉,每年的"双11"都会涌现"用车潮",各个城市临时运力增幅明显,全国各主干线路的繁忙程度也大大增加,由此可以联想到,短短几天时间,成千上万的商品在同一个时间涌入早已拥堵的车海中,那会是什么样的情境?

毫无疑问,物流支持着电子商务的高速运行和快步发展。被称为企业"第三利润源泉"的电子商务物流究竟是何物呢?

任务目标

本任务要求学生通过相关知识了解电子商务物流的含义,掌握电子商务物流的特点和构成要素,明确电子商务物流配送的特点和作用。

任务实施

一、知识准备

(一)物流的含义

1. 含义

我国国家标准《物流术语》中指出:物流是物品从供应地到接收地的实体流动过程,是根据实际需要,将运输、储存、装卸、搬运、包装、流通加工、配送、信息处理等基本功能实施的有机结合。

现代物流要综合考虑如何从供应商到生产者的原材料采购过程中,从生产者的在产品制造中的运输、保管和信息处理等环节中,以及从生产者到消费者的货物配送等方面,全面地、综合性地提高物流的经济效益和效率。

总体而言,物流是伴随着物品由供应地向接收地转移而产生的各种活动的集合系统,是由供应地流向接受地以满足社会需求的一种经济活动。

2. 现代物流的构成要素

(1)运输——物流的动脉。运输是物品在空间上发生的位置转移,它是在不同的地域范围内(如不同城市之间,不同国家之间,不同的物流网点之间),以改变物品的空间位置为目的而发生的经济活动,是一种长距离的运输活动。

运输是物流过程的中心环节,物流的其他活动都是围绕着运输而进行的。合理的运输能大幅度地降低物流成本,加快资金周转率,有效提高物流效益。

运输一般包括铁路运输、公路运输、水路运输、航空运输以及管道运输。

(2)保管——物流的中心。保管是指对货物进行合理的保存和经济管理。在物流过程中,运输承担了改变空间状态的重任,创造了物流的空间效用;而保管则担负了改变时间状态的重任,创造了物流的时间效用。

因此,在物流系统中,运输和保管是两大功能要素,被称为物流的两根支柱。

在保管期间,对货物进行整理、包装、质检、分拣、加标签等加工,为货物进入市场做好准备,加快了货物的流通。

(3)装卸搬运——物流的接口。装卸搬运是物流过程中对于保管物资和运输两端物资的处理过程。具体包括:物资的装载、卸货、移动、货物堆码上架、取货、备货、分拣等作业以及附属活动的作业。一般来说,装卸是指垂直的实体移动,搬运是指水平位置的短距离移动。

装卸搬运是随着运输和保管等活动而产生的必须活动,是影响物流速度和物流费用的重要因素。

（4）包装——物流的起点。包装是指为在流通过程中保护商品、方便运输、促进销售，按照一定的技术方法而采用的容器、材料以及辅助物等的总体名称，也指为了达到一定技术方法等的操作活动。简言之，包装是包装物及包装操作的总称。

包装处于生产过程的末尾和物流过程的开头，既是生产过程的终点，又是物流的起点。在整个物流过程中，包装发挥着保护商品、提供方便、促进销售、增加利润的作用。

（5）物流信息——物流的中枢神经。物流信息是指与物流活动相关的信息，是反映物流各活动内容的知识、资料、图像、数据、文件的总称。物流信息在物流系统中起着中枢神经的作用，物流系统的正常运转和优化依赖于准确可靠的物流信息。

（6）流通加工——物流的价值新途径。流通加工是物流活动中的辅助性加工活动，是为了便于流通、运输、储存、销售和方便用户，在保证产品使用价值不变的前提下，对产品进行的加工。它是生产加工在流通领域的延伸。

> **相关链接**
>
> **供应链管理**
>
> 供应链管理是一种集成的管理思想和方法，是指完成从供应商到最终用户的物流的计划和控制等职能。从单一的企业角度来看，是指企业通过改善上、下游供应链关系，整合和优化供应链中的信息流、物流、资金流，以获得企业的竞争优势。
>
> 供应链管理优化了供应商、制造商、零售商的业务效率，使商品以正确的数量、正确的品质，在正确的地点，以正确的时间、最佳的成本进行生产和销售。从采购开始，经过生产、分配、销售最后到达用户，这不是孤立的行为，而是一定流量的环环相扣的"链"，物流活动是受这一供应链决定和制约的。供应链管理实际上就是把物流和企业的各项活动作为一个统一的过程来管理。
>
> 资料来源：百度文库。

（二）电子商务物流的含义

1. 含义

电子商务物流是在传统物流概念的基础上，结合电子商务中信息流、商流、资金流的特点而提出的，是电子商务环境下物流新的表现方式。因此，电子商务物流可以概括为：根据电子商务的特点对整个物流配送体系实行统一的信息管理和调度，为电子商务企业提供物流服务，按照用户的订货要求，在物流基地进行理货，并将配好的货物交送到收货人手中。

电子商务物流利用电子化的手段，尤其是利用互联网技术来完成物流全过程的协调、控制和管理，从而实现网络前端到最终客户端的所有中间过程的服务，尤其表现在物流配送方面。

2. 物流配送

配送就是按照用户的订货要求和时间计划，在物流据点（仓库、商店、货运站、物流中心等）进行分拣加工和配货等作业后，将配好的货物送交收货人的过程。

其作业内容包括：

（1）备货，备货是物流配送的准备工作，包括筹集货源、订货或购货、集货、进货以及相关的质量检查、结算、交接等工作。通过集中采购，降低成本，体现了物流配送的经济优势。

（2）储存，配送中的储存分为储备和暂存两种形态。

- 储备是为了在一定时期内达到配送要求，必须保证配送资源数量。一般数量较大，需有计划地严格确定周转储备及保险储备结构及数量，否则会影响周转速度，降低配送效率。
- 暂存是在具体执行日配送时，按分拣配货要求，在理货场地所做的少量储存准备。

（3）分拣及配货，该作业是指按订单的要求将商品从储存区分拣出来，配好后送入指定发货区的物流活动。分拣和配货作业是不可分割的整体，通常是同时进行的。这是决定整个配送系统水平的关键要素。现代化的分拣及配货水平会大大提高送货服务水平，也是配送企业的竞争关键点。

（4）配装（搭配装运），该作业是指在单个用户配送数量不能达到车辆的有效载运负荷时，将集中不同用户的配送货物进行搭配装载，以充分利用运能、运力的问题。通过配装送货可以大大提高送货水平及降低送货成本。这也是现代配送系统不同于一般送货的重要区别之处。

（5）配送运输（末端运输、支线运输），配送运输属于运输中的末端运输、支线运输，特指较短距离、较小规模、额度较高的运输形式，一般使用汽车作为运输工具。由于配送用户多，在城市交通路线复杂时，如何组合成最佳路线，如何使配装和路线有效搭配等，是配送运输的特点，也是难度较大的工作。

（6）送达服务，该作业是指将货物交到客户手中以及沟通的过程。配好的货运输到用户还不算配送工作的完结，还需要与客户进行交流、交接，否则会使配送前功尽弃。因此，要圆满地实现运到货物的移交，并有效地、方便地处理相关手续并完成结算，还应讲究卸货地点、卸货方式等。送达服务也是配送独具的特殊性。

（7）配送加工，该作业是指在配送据点中设置的加工环节，或是把流通加工中心与配送中心建立在一起。如果现成的产品不能满足用户需要，或者是用户根据本身的工艺要求，需要使用经过某种初加工的产品时，可以在经过加工后进行分拣、配货再送货到户。配送加工一般只取决于用户要求，其加工的目的较为单一，能够提高用户的满意程度。

（三）电子商务物流配送运作的特点

（1）物流配送信息化。物流配送信息化表现为条码技术（Bracode）、数据库技术（DaTabase）、电子订货系统（EOS）、电子数据交换（EDI）、快速反应系统（QR）及有效的客户反应（ECR）、企业资源规划（ERP）等在物流管理中的应用。这些信息化技术的应用，有力保障了物流系统的高效运转，适应了电子商务的快节奏。

（2）物流配送自动化。在信息化的基础上，条码/语音/射频自动识别系统、自动分拣系统、自动存取系统、自动导向车、货物自动跟踪系统等自动化设备的使用，扩大了物流的作业能力，大幅度提高了劳动生产率，提高了物流作业的准确性。

（3）物流配送网络化。一方面，物流配送中心与供应商或制造商借助于电子订货系统和电子数据交换进行自动联系,完成订单的传递;另一方面,企业内部通过内联网按照客户订单组织生产,通过全球的物流网络将各个供应商联系起来,进行统一协调分配。物流配送网络化,有效保障了信息传递的时间效率。

(4)物流配送智能化。库存水平的确定、运输搬运路径的选择、自动导向车的运行轨迹和作业控制、自动分拣机的运行、物流配送中心经营管理的决策支持等问题,都需要借助于大量的技术来解决。在物流自动化的进程中,物流智能化是不可回避的技术难题。目前专家系统、机器人等相关技术在国际上已经有比较成熟的研究成果,有些已在物流实务中得到应用,物流智能化已经成为电子商务下物流发展的一个新趋势。

(5)物流配送柔性化。电子商务满足了客户4C的需求理念,呈现出"多品种、小批量、多批次、短周期"的消费特点,这也给物流配送带来了新的要求。及时灵活组织、实施、调整物流的各项作业活动,以适应和满足电子商务的变化,体现了物流的柔性化特点。

电子商务物流技术

出入库及在库管理 H5 测试

相关链接

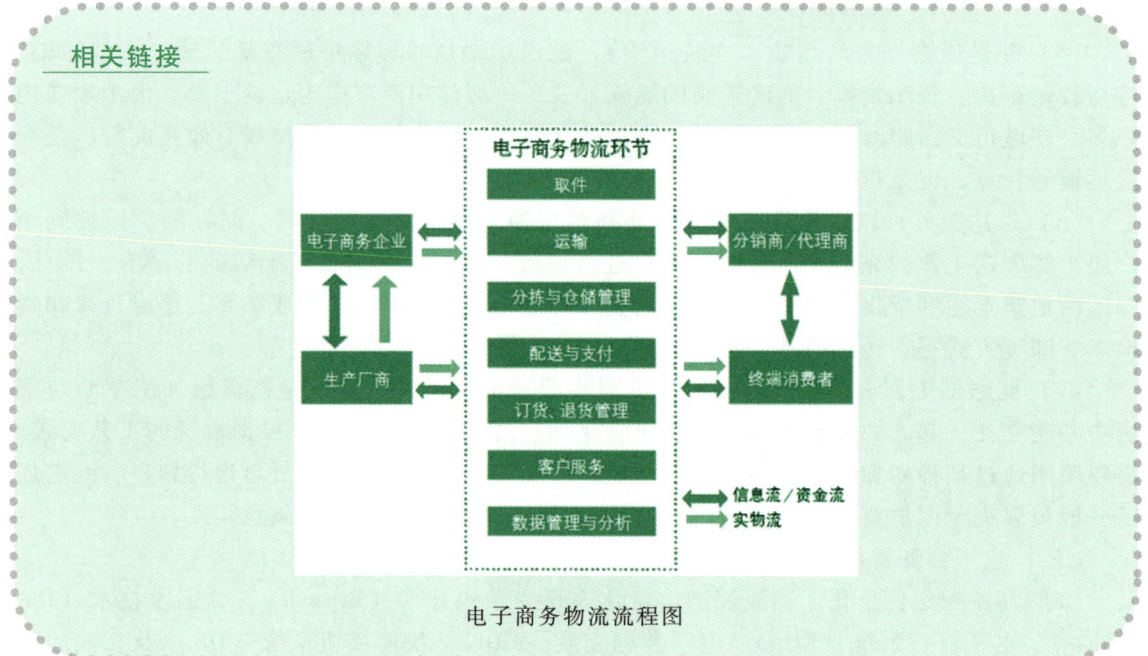

电子商务物流流程图

二、教学活动

(一)活动内容

借助互联网平台,搜索国内外著名的物流公司,了解其业务范围,并制作讲解 PPT。

(二)活动要求

(1)能识别著名物流公司的名称、logo、网站及其主要业务范围。

（2）小组成员合作完成，制作解说PPT，派代表进行讲解。
（3）实训时间：2课时。

（三）操作步骤

（1）使用搜索引擎进行检索。

> 提示：注意关键字的设置，如"世界著名物流公司排名""国内著名物流公司""国际著名物流公司""物流公司排名"等，检索结果要注意资料的时效性、准确性。

（2）资料整理：注意资料下载时文件的保存方式，最好先在TXT文档中进行格式过滤，再进行其他文档类型的复制，以便于排版。

（3）制作PPT：能够准确展示物流公司的基本信息，包括公司的名称、logo、网址、业务领域等内容。

（4）讲解：要求讲解人员语言简洁、生动，能借助PPT准确表达信息，感染力强。

（四）成果展示

物流公司介绍评价表

评价项目	评价内容	评价要求	学生自评					小组互评					教师评价				
			1	2	3	4	5	1	2	3	4	5	1	2	3	4	5
物流公司名称	名称、logo、网址、业务范围	内容准确															
PPT	形式、内容	恰当															
表达	仪表、言语	大方得体															
合计得分																	

（五）拓展训练

（1）请同学到淘宝网上买几本书，并对本次物流配送的速度、服务质量进行评价。
（2）调查本地为淘宝进行配送的物流公司有哪些，了解这些公司的规模和业务范围。

> **课后提升**
>
> **电子商务下乡的喜与忧：快递难达且优惠难享**
>
> "什么时候咱们能像在大城市网购一样，可以随便选快递，享受同城低邮费，还能当日达，退换货又快啊？"身处云南大理的李小姐经常发出这样的感叹。
>
> 目前，国内电商竞争更加白热化，电商企业已经在一二线城市杀红了眼，渗透进三四线城市及农村市场已成为各家电商的默契之选。与此同时，三四线城市及农村市场的网购信任程度和物流等制约因素也逐渐凸显。如何拓展这一新兴的市场，是电商大佬们所共同面临的问题。
>
> 按照中国城市划分依据，国内一线城市是指北京、上海、广州、深圳、天津，二线城市为各省省会城市、区域中心城市、副省级城市和重要的经济发展城市等，包括南

京、重庆、杭州、青岛、济南、太原、烟台、淄博等43个；而三线城市则包括银川、拉萨、保定、宝鸡、齐齐哈尔、本溪、淮安、湘潭、大理等110个经济发达程度较低的城市；四线城市即除了以上城市之外的所有城市。

物流成为阻碍电商在三四线城市及农村市场攻城略地的客观原因。这一点，网民徐先生深有体会。

2016年春节前，徐先生准备给在甘肃老家某四线城市的父母网购一款电饼铛作为新年礼物，在各家电商平台比较价格后，选择了淘宝一家售价178元的产品。"我专门去商场看过要便宜一半，而且还是包邮，这么看是相当划算的，但是跟店家合作包邮的快递，我们那个城市没有设点，我享受不了包邮，只能发EMS或其他的快递，算下来光邮费就60元，价格优势就小了很多。"徐先生如是说。

不仅快递的铺设尚未覆盖全面，同是一个快递公司能到的地区，三四线城市或农村的邮费也要比一线城市贵至少一倍。

登录各大电商平台即可发现，北京电商的同一款产品寄同城只需要6元快递费，广西、甘肃、陕西、贵州等省份的邮费就需要12元，新疆、西藏等地更是高达20元。

此外，徐先生还说，"即使是快递可以到、电商包邮，退换货也很不方便。其他电商的当日达、次日达我们也享受不到。"

"的确，物流仓储问题何时解决对电商能否实现真正意义上的下乡是关键，这不仅影响了电商下乡的速度，还使某些售卖大型产品的网站没有条件向下渗透。"艾瑞咨询分析师王亭亭坦言，"所幸这一点各大电商已经意识到了。"

电商企业除了开始单打独斗地在物流服务上进行纵向铺设之外，还与快递业和零售业等行业尝试联合推进。据了解，阿里巴巴集团计划联手行业企业、资本及金融机构先期投资1000亿元筹建一个智能物流网络，目标是力争用8~10年时间建立一个能支撑日均300亿元网络零售额的智能物流骨干网络，支持数千万家新型企业成长，最终使中国任何一个地区都能做到24小时内送货必达。

资料来源：新浪财经。

巩固提高

国内各大快递详情

填空题

1. 物流是物品从供应地到（　　　　　）的实体流动过程。

2. （　　　　　）是物流的动脉。

3. 配送就是按照用户的订货要求和时间计划，在物流据点（仓库、商店、货运站、物流中心等）进行（　　　　　）和配货等作业后，将配好的货物送交收货人的过程。

4. 供应链管理（SCM）是一种集成的管理思想和方法，是指完成从供应商到最终用户的（　　　　　）的计划和控制等职能。

任务二
分析电子商务与物流的关系

任务描述

一次完美的网购体验，物流配送是其中相当重要的评分内容。然而对于绝大多数电商来说，在网购中最贴近消费者的"最后一公里"，却正是最无法掌控的部分。快速发展中的电子商务，与物流的密切关系表现得尤为突出。

任务目标

本任务要求学生通过相关知识掌握电子商务与物流的相互影响，了解电子商务物流目前的发展状况和需要解决的问题。

任务实施

一、知识准备

（一）电子商务对物流的影响

1. 突出了物流的价值

在电子商务发展初期，人们对物流在电子商务中的重要性认识不够。但随着电子商务的进一步推广与应用，传统物流能力已经不能满足电子商务的快速发展，严重影响了其效率。物流对电子商务的重要性也越来越明显，物流也被称为企业的"第三利润源泉"。

在电子商务环境下，物流公司既要把虚拟商店的货物快速送到用户手中，还要从生产企业及时进货入库，承担着供应链条上重要的传递功能。物流业成为社会生产链条的领导者和协调者，为社会提供全方位的物流服务。电子商务把物流业提升到了前所未有的高度，为其提供了空前的发展机遇。

2. 优化了供应链

（1）缩短了供应链。电子商务直销模式下，企业通过自己的网站销售产品，改变了销售渠道，减少了流通环节，节约了流通时间，缩短了供应链距离。

（2）实现了供应链的零库存管理。在电子商务模式下，打破了传统供应链间的脱节，实现了供应链实时反馈。供应商与零售商、消费者通过Internet互联在一起，通过信息平台，供应商可以及时准确地掌握产品销售信息与顾客购买信息，库存管理由原来被动的"推动式"，变成了主动的"拉动式"，真正意义上实现了销售管理的"零库存"。

3. 对物流作业的影响

（1）强化了物流配送的地位。虽然通过互联网能够完成商品的选购和支付行为，但是商流的实现还需要配送，将商品送到客户手上，一个完整的交易活动才能实现。缺少了配送，交易方式就失去了意义。从这层意义上，电子商务时代的物流方式主要是指配送方式。

（2）降低了物流采购成本。在传统商务的采购流程中，采购员要完成供应商的选择、产品验收、订单制定、发货单的制定等一系列的工作，效率差。在电子商务模式下，通过电子采购，简化了企业的采购过程，可以选择更多的供应商，增加了供应商之间的竞争，得到了更加优惠的采购价格。采用无纸化办公后，也节约了采购成本。

（3）优化了运输的组织形式。虽然运输的距离是不变的，但是运输组织形式受到一定的影响。电子商务技术、信息、通信、网络等现代技术的应用，促进了运输组织间的联盟。运输企业之间通过联盟，可以扩大多式联运经营。这为托运人提供了一票到底、门到门的服务方式，提高了运输的价值和效率。

（4）促进了信息流的发展。信息已成为所有物流作业的依据，使原来物流系统中的信息流完全开放。原来的物流企业以自身企业的物资管理为中心，很少与外界信息进行适时交换。电子商务环境中的物流企业，必须以客户为中心，加强供应链的管理，通过企业间的联合，把供应商、生产企业、销售企业等所有的环节紧密地连接起来，信息不仅在物流企业内部流通，而且已经成为供应链中的血液疏通到各个环节，保证整个链条的生命活力。

（5）促进物流技术的进步。要想适应电子商务的高效运作，必须提高物流效率。物流技术水平的高低是实现物流效率的重要因素。物流技术不仅包括物流运作中的机械、设备、工具、材料等硬件技术，也包括计划、管理、评价等环节的软技术。物流环节中的包装、保管、运输、装卸、加工、配送等都需要应用现代技术，才能保证整体的高效运转。

（6）提高物流的管理水平。建立一套现代、科学的物流管理系统，才能适应物流的各项发展和变化。无论从物流的观念上的改变，还是对物流管理人员的高要求，都是提高物流管理水平的保障。科学合理的管理体系，才能保证物流的高效化、合理化的发展，才能保证电子商务的高效运行。

（二）物流对电子商务的影响

在电商行业和电商企业的发展过程中，物流一直都扮演着举足轻重的角色。对电子商务行业而言，物流从来都是作为发展瓶颈和发展障碍而存在着，是关乎行业发展存亡的关键一环。

1. 物流是电子商务的基本要素和重要组成部分

电子商务的本质是商务，商务的核心是商品的交易。因此，在电子商务交易活动中，除少数虚拟化产品和服务外，大多数的实体商品的转移必须通过物流来实现。物流与商流、信息流、资金流一样，是电子商务不可缺少的基本要素和基本组成。物流是商流的后续者和服务者。

> **相关链接**
>
> **现代物流技术**
>
> （一）库存技术
>
> 现代化库存已经成为促进物流各环节平衡运转的集散中心，将高度自动化的保管和搬运结合为一体的高层货架系统被广泛采用。货架可以达到 30~40 米高，具有 20 万~30 万个货标，用计算机进行集中控制，达到自动存取、分拣，极大地提高了物流仓库作业的效率。另外，小型自动仓库等高速自动分拣系统也得到了广泛的发展和应用。
>
> （二）物流条码自动识别技术
>
> 物流条码是标识物流过程中具有实体的一种代码，贯穿了整个流通环节，是供应链中的生产、销售、仓储运输、消费等各个环节的共享数据。通过使用物流条码技术进行数据的采集、跟踪、反馈，提高了整个物流系统的经济效益。
>
> （三）射频识别技术 RFID
>
> RFID 是一种利用发射接收无线电信号，对物体进行近距离无接触方式和跟踪的高新技术。它穿透力强、抗恶劣天气，可全天候工作，可以进行物资的跟踪、大型设备的识别、生产线的自动化控制，提高了物流企业的信息化管理水平。
>
> 资料来源：MBA 智库百科。

2. 物流成为电子商务经济发展的支点

电子商务像杠杆一样，撬起了传统产业和新兴产业的发展。在这个过程中，现代物流发挥着杠杆中支点的作用。现代物流能力成为电子商务发展的核心竞争力，物流业成为电子商务成功的关键。

信息传递是电子商务的保证，物流则是执行的保证。没有物流，电子商务只能是一张空头支票。毫不夸张地说，没有现代物流体系作为支点，电子商务将寸步难行，更别说快速发展了，可谓"成也物流，败也物流"。

3. 物流现代化是电子商务的基础

电子商务通过现代信息技术处理手段比较容易解决信息流、商流、资金流的问题，而将商品及时地配送到用户手中，完成商品的空间转移——物流，才标志着一个完整的电子商务交易过程结束。因此，物流系统的效率决定了电子商务的效率，而物流效率的高低很大程度上取决于物流的现代化水平。

通过现代化的物流设备、信息处理系统的应用，能够准确、及时地掌握和处理物流信息，提高物流的流转速度和作业的准确性，协调生产与销售、运输、配送等环节，优化供货程序、缩短物流时间及降低库存，有效地提高物流效率。

4. 物流质量是实现"以客户为中心"的电子商务理念的重要保障

电子商务模式最大程度上方便了消费者的需求，他们只要通过上网浏览、挑选、付款，就可以完成购物活动，最基本的需求就是快速、方便。但是，如果发生买家所购商品送货不及时，商品破损、丢失、错误等问题时，那消费者还会再选择电商企业吗？所以，物流质量是电子商务实现"以客户为中心"理念的最终保证，缺少现代化物流技术与管理，电子商务给消费者带来的便捷被抵消，消费者必然会转向更为满意的其他购物途径。

二、教学活动

（一）活动内容

借助互联网平台，通过查看新闻事件、商品评价等方式，总结目前物流快递出现的问题，并提出解决方法。

（二）活动要求

（1）结合自己的网购经验，整理网络资料，总结常见的快递问题，并尝试提出解决问题的办法。

（2）小组成员合作完成，制作解说PPT，派代表进行讲解。

（3）实训时间：2课时。

（三）操作步骤

（1）可以查看网络新闻事件、物流论坛、著名购物网站、网店的商品评价，同学间生活中有关的网购经验交流等，进行资料搜集。

> 提示：注意常见问题、特殊问题的区别。例如，"双11"、节假日等特殊物流问题的解决。

（2）资料整理分析：能够将多种资料进行汇总、编辑，保证资料的质量。

（3）制作PPT文档：能够总结目前出现的物流配送问题，找出原因，并提出解决办法。

（4）讲解：要求讲解人员语言简洁、生动，能借助PPT准确表达信息，感染力强。

（四）成果展示

物流快递问题作业评价表

评价项目	评价内容	评价要求	学生自评					小组互评					教师评价				
			1	2	3	4	5	1	2	3	4	5	1	2	3	4	5
常见问题	概括准确	全面															
特殊问题	条件具备	有针对性															
解决方法	可行性	有根据															
合计得分																	

（五）拓展训练

（1）了解目前先进的物流现代化手段，并采集图片进行分享。

（2）了解当地大型超市采用的供应链体系。

> **课后提升**
>
> **物流助亚马逊走出泥潭**
>
> 纵观全球电商行业发展史，发展初期的电商企业无一例外地面临亏损困境，而物流则在其扭亏为盈中发挥着关键性的作用。以全球电商企业亚马逊为例，资料显示，亚马逊自1995年在美国开业以来一直面临亏损困境，直到2002年才开始实现盈利。支撑亚

马逊度过困境的正是物流。2017年亚马逊第一财季净营收357亿美元，同比跳涨23%，EPS为1.48美元，远超预期的1.12美元。

在电商发展初期，网购并不具有价格优势，甚至比线下店要贵一些，多数消费者坚持选择实体商店购物，这直接导致一批电商企业经营失败。此时，亚马逊推出免费物流配送的营销策略，并不断降低免费送货服务的门槛，以物流为代价招揽顾客，快速扩大市场份额。

当时的一项消费者调查显示，网购顾客认为，在节假日期间邮费折扣甚至免收送货费的吸引力远超过其他任何促销手段。亚马逊先后3次采取这一手段，逐渐将免费送货服务门槛从99美元降到49美元，再到25美元。免费送货极大地激发了人们的消费热情，并使那些对电商心存疑虑的网民也最终加入网购大军。亚马逊销量激增，客户群规模也呈级数增长。

但是，以物流为代价的营销推广也是一把双刃剑，在增加销售的同时产生了巨大的成本，给企业造成财务负担。这就要求物流企业必须采用先进便捷的订单处理系统以降低错误率，并整合送货方式、送货路线等以降低物流成本，即相当于以较小的促销成本获得更大的销售收益，再将之回馈于消费者，以此来争取更多的顾客，形成良性循环。

资料来源：比特网。

物流系统精益求精

由于反应速度和配送速度直接影响着消费者的网购体验，电商企业对消费群体的争夺直接体现在订单处理转化及当日送达、限时送达服务上。当前，当日送达服务及限时送达服务成为争取消费群体的一大法宝，电商巨头就此展开了激烈争夺。

电商企业的这种快速响应依赖于自身配送中心的布局，按照不同的商品分别设立不同的配送中心，有利于提高配送中心的专业化作业程度，使作业组织简单化、规范化，不但能提高配送中心作业的效率，而且还可以降低配送中心的管理和运转费用。此外，配送中心的科学分布还为电商实现"仓库＋实体店"的布局打好了基础。

资料来源：比特网。

巩固提高

一、填空题

1. 一个完整的电子商务活动包括信息流、资金流、商流和（　　　　）。
2. 物流被称为企业的（　　　　）利润源泉。
3. 在电子商务模式下，（　　　　）了企业的供应链。
4. 现代物流中，库存管理由原来的被动的"推动式"，变成了主动的（　　　　）式。

二、简答题

1. 电子商务对物流的影响。
2. 物流对电子商务的作用。

任务三
了解电子商务的物流模式

任务描述

伴随着电子商务的迅猛发展，特别是每逢网购高峰期，物流滞后的问题也越来越突出。为了解决目前我国物流水平难以满足电子商务需求的现状，各大电商都在积极投入物流方面的建设。阿里巴巴集团计划联手行业企业、资本及金融机构先期投资1000亿元筹建一个智能物流网络，项目建成后可支撑日均300亿元的网络零售额。无独有偶，京东、苏宁等多家国内知名B2C电商也纷纷创建了自己的物流体系，以期以强大的物流网络保证商品的及时送达和有效反馈，抢占行业的领潮位置。

那么，电子商务物流的运营模式如何规划才能满足飞速发展的电子商务的需求？

任务目标

本任务要求学生通过相关知识掌握电子商务物流的运营模式，了解各种物流运营模式应用的优势、问题和适用范围，能对不同模式进行比较分析。

任务实施

一、知识准备

（一）完全自营物流运营模式

完全自营物流运营模式是指电子商务企业自己建立物流系统，购置物流设备，配置物流人员，自主经营管理物流业务的物流运作和管理模式。

自营配送的模式一般由B2C网站筹资建立自己的物流体系，从网上订单到货物配送采用一条龙服务。一般在网民集中的地区、城市建立仓库和配送中心。

亚马逊、海尔商城、京东拥有自己的自营物流。

1. 优势

（1）完全实现对供应链的有效控制。拥有对物流系统运作全过程的有效控制权，摆脱了第三方物流的制约，拥有完全自主的调节、控制权力。

（2）拥有物流配送的价格优势。能够自主确定物流配送的价格，适合价格竞争。尤其是对于在竞争激烈时期和刚起步的电子商务网站，免费配送或是低于行业价格的配送价格，会在短期内吸引大量客户，增加竞争力。

（3）有助于保证服务质量。由于能够有效控制和掌握最后的配送环节，把握了与客户线下沟通的关键环节，全方位成就了客户的满意度。通过更细致、周到的配送服务，例如，试穿、培训、调试、咨询等方式，做到了第三方物流不能实现的功能，有利于提高企业形象。

（4）降低物流风险。由于能够掌握配送的各个环节，确保了商品的质量，能有效避免商品破损、丢失、遗漏等常见问题，避免了第三方物流带来的损失。自营物流发展到一定规模的时候，还能产生规模经济，降低物流成本，降低了物流行业带来的各种风险。

2. 不足

虽然自营物流能为企业带来诸多的好处，但是这种模式并不适合每一个电子商务企业，它的不足之处也是显而易见的。

（1）投资大，回收期长。建立一套现代化的物流系统需要较大的投入，而且投资回收期长，占用资金多，容易出现企业经营中的资金短缺问题，需要雄厚的资金作为保障。

（2）风险大。自营物流会增加企业的运营成本，如果没有足够的业务量保证，会增加企业的成本负担，需要具备较强的综合管理能力来降低企业的运营风险。

3. 适用范围

（1）适合业务集中在同城，送货方式比较单一的企业。由于业务范围不广，企业独立组织配送所耗费的人力不是很大，所涉及的配送设备也仅仅限于汽车以及人力而已，成本较低。如果交由其他企业处理，反而浪费时间、增加配送成本。

（2）适合实体店铺分布广、业务集中的企业。电子商务企业拥有覆盖面很广的代理、分销、连锁店，而业务又集中在其覆盖范围内，这样的企业一般是从传统产业转型，或者依然拥有传统产业经营业务的企业，如计算机生产商、家电企业等。例如，海尔的自营物流。

（3）适合实力雄厚、业务量大的企业。对于一些规模比较大、资金比较雄厚、货物配送量巨大的企业来说，投入资金建立自己的配送系统、掌握物流配送的主动权也是一种战略选择。例如，亚马逊网站，已经斥巨资建立遍布美国重要城市的配送中心，将主动权牢牢地掌握在自己手中。

> **相关链接**
>
> **海尔自营物流中的 3 个 JIT**
>
> JIT（Just in Time），准时生产，又译为实时生产单位。
>
> 在海尔自营物流中，通过 3 个 JIT，即 JIT 采购、JIT 配送和 JIT 分拨物流来实现同步流程。
>
> 供应商们都必须通过海尔的 BBP 采购平台在网上接受订单，使下达订单的周期从原来的 7 天以上缩短为 1 小时内，达到 100% 准确率。供应商们还通过网上查询库存、配额、价格等信息，实现及时补货，实现 JIT 采购。

从最基本的物流容器单元化、集装化、标准化、通用化到物料搬运机械化，从对车间工位的五定送料管理系统到日清管理系统进行全面改革，加快了库存资金的周转速度，库存资金周转天数由原来的30天以上减少到12天，实现"以时间消灭空间"的物流管理目的，这些都是通过JIT过站式物流管理实现的。

生产部门按照B2B、B2C订单的需求完成生产以后，可以通过海尔全球配送网络送达用户手中，实现JIT配送。海尔的配送网络已从城市扩展到农村，从沿海扩展到内地，从国内扩展到国际。全国可调配车辆达1.6万辆，目前可以做到物流中心城市6~8小时配送到位，区域配送24小时到位，全国主干线分拨配送平均4.5天，形成全国最大的分拨物流体系。

资料来源：豆丁网。

（二）第三方物流配送模式

第三方物流配送模式指电商企业集中精力做自己的核心业务，把配送业务外包给专业物流公司。独立于产、销之外的其他物流活动的承担者，统称为"第三方物流"（3PL，3rd Party Logistic），它们具有专业化的物流服务，可以降低企业的物流成本。

第三方物流已越来越成为物流市场的主体，在美国有57%的物流量是通过第三方物流完成的，在社会化配送发展得最好的日本，第三方物流占整个物流市场的比重更是高达80%。在我国，第三方物流也是绝大多数电商的首选。

第三方物流与供应方、消费者之间的联系如图5-1所示。

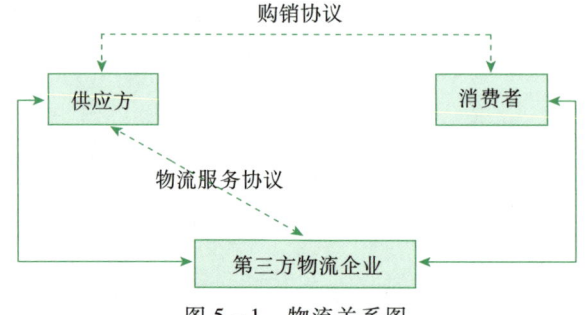

图5-1 物流关系图

1. 优点

（1）减少投资，降低物流成本。电商企业可以减少对物流系统的大量投资，提高资金的周转，降低物流的运营成本。

（2）物流配送半径大。第三方物流是专业化的物流公司，拥有专门化的物流体系，他们的服务网点一般遍布在各大中小城市。电商企业可以根据自己业务范围，选择适合自己的专业物流公司合作。

（3）有利于社会资源的整合。如果每一家企业都建立自己的物流体系，会造成社会资源的极大浪费。把同类的业务集中到物流企业，既会增加第三方物流的效益，也便于电商企业集中精力做好自己的核心业务，达到共赢的目的。

2. 不足

（1）受制于物流企业。把配送完全交给了物流企业后，电商企业就失去了对配送的控制权，处于"最后1公里"的尴尬境地。物流环节出现的问题，使企业处于被动的地位，增加了客服的工作量，有时也严重影响了企业的形象。

（2）物流风险增加。第三方物流公司由于业务量大，同时承担着多家企业的物流业务，尤其是一些第三方物流企业现代化程度不高，人员管理不严格，会降低物流的服务质量，出现很多风险因素。例如，不及时配送、调包、暴力分拣、丢失等情况。

3. 适用范围

由于选择第三方物流会减少企业在物流方面的投入，可以节约企业的启动资金和流动资金，提高资本效益的最大化，因此，适合新建的电商企业采用。

（三）物流联盟配送模式

物流联盟是以物流为合作基础的企业战略联盟，是指两个或多个企业为了实现自己物流战略目标，通过各种协议、契约而结成的优势互补、风险共担、利益共享的松散型网络组织（见图5-2）。物流联盟企业间可实现物流优势互补，利益是物流联盟产生的最根本原因。

> **相关链接**
>
> **京东物流**
>
> 京东物流隶属于京东集团，以打造客户体验最优的物流履约平台为使命，通过开放、智能的战略举措，促进消费方式转变和社会供应链效率的提升，将物流、商流、资金流和信息流有机结合，实现与客户的互信共赢。京东物流通过布局全国的自建仓配物流网络，为商家提供一体化的物流解决方案，实现库存共享及订单集成处理，可提供仓配一体、快递、冷链、大件、物流云等多种服务。
>
> 京东物流以降低社会化物流成本为使命，致力于成为社会供应链的基础设施。基于短链供应，打造高效、精准、敏捷的物流服务；通过技术创新，实现全面智能化的物流体系；与合作伙伴、行业、社会协同发展，构建共生物流生态。通过智能化布局的仓配物流网络，京东物流为商家提供仓储、运输、配送、客服、售后的正逆向一体化供应链解决方案、快递、快运、大件、冷链、跨境、客服、售后等全方位的物流产品和服务以及物流云、物流科技、物流数据、云仓等物流科技产品。京东是拥有中小件、大件、冷链、B2B、跨境和众包（达达）六大物流网络的企业。
>
> 2018年2月14日，京东在电邮声明中称，京东将通过出售物流子公司股份，筹资大约25亿美元；京东称投资者包括高瓴资本和红杉，其他投资者包括招商局集团和腾讯。10月18日，京东物流正式上线面向个人客户的快递业务。
>
> 资料来源：360百科。

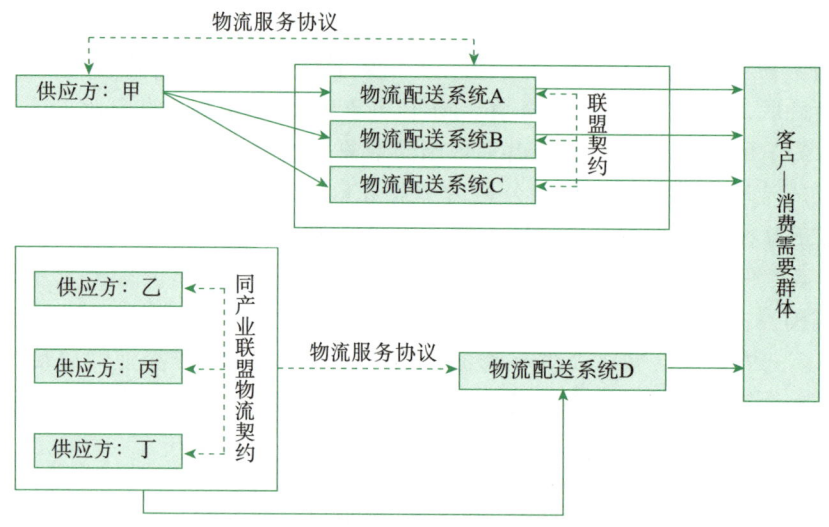

图 5-2 物流联盟配送

1. 优势

（1）扩大市场范围。通过物流联盟可以扩大到企业原来不能配送的地区，在保持自身优势的同时，实现了优势互补。

（2）降低企业运营风险。多个企业联合起来，增加了单个企业的抗风险能力。而且，在联盟成员间，增加了信息沟通，提高了市场的敏锐度。

（3）降低物流成本。物流联盟中，各个企业间沟通合作，达成意向，实现资源共享，减少了交易成本和物流成本。

（4）提高了企业物流作业能力。通过合作，建立了物流合作网络，完善了物流体系，提高了物流作业能力，使物流业由专业化向集约化发展迈进，从而提高了整个企业的竞争能力。

2. 不足

（1）不稳定。利益最大化是物流联盟的基础，当这一目标得不到实现时，会有企业退出，原来的资源优势就会出现短缺，影响其他企业的利益，所以很容易出现企业随时退出的情况。

（2）最大优势发挥不易实现。每个企业的优势不同，只有当加入联盟的企业数量足够多时，资源互补的优势才能表现出来，不然就会出现很多短板。

（3）标准化程度低。合作伙伴多，标准良莠不齐，不可能按照统一的标准进行作业，势必造成优势不均衡，合作伙伴间的利益就会出现不均衡，而标准化又很难统一，容易激化矛盾。

3. 建立物流联盟的条件

（1）企业类型。加入联盟的企业要有自身突出的优势，并且考核其他企业的优势类型。保证物流服务区域的广度、运送方式的多样化、保管、包装和流通加工等服务的广度，保证物流必要服务功能的实现程度。

（2）建立物流联盟信息平台。物流联盟是一个松散的组织，单个企业的力量薄弱，内部间也存在竞争。必须保持高效的信息沟通，才能及时进行协调，保持联盟内的利益平衡，增加彼此的信任和认同，融洽成员间的关系，增强联盟的凝聚力。

（3）建立联盟公约。建立联盟公约以明确各方责任，规范物流联盟管理和服务模式，保证联盟成员诚信合作，公平、平等竞争。每个加入物流联盟的企业都必须遵守联盟公约，履行物流联盟成员的义务，享受应有的权利，保证公平竞争，实现联盟利益最大化。

（四）三种不同模式比较

我们从优势、劣势、适用范围等方面，对三种电子商务的物流模式进行比较分析，见表 5-1。

表 5-1　　　　　　　　　　　　　　物流模式比较

比较项目	自营物流配送模式	第三方物流配送模式	物流联盟配送模式
优势	• 零售电子商务企业对物流配送有较强的控制能力 • 物流部门与其他职能部门易于协调 • 企业容易保持供应链的稳定	• 电子商务企业可以将力量与资源集中于自己的核心主业 • 降低经营成本 • 改进客户服务	• 可以降低经营风险和不确定性 • 较少投资 • 获得物流技术和管理技巧
劣势	• 物流基础设施需要非常大的投入 • 需要较强的物流管理能力	• 我国的第三方物流尚未成熟 • 容易受制于人	• 更换物流伙伴比较困难
适用范围	• 大型集团零售企业或零售连锁企业	• 企业物流配送能力相对较低的 B2C 企业或 C2C 网上零售商家	• 适用于销售网络完善的传统零售企业开展电子商务时

三种电子商务物流模式的区别，具体表现在十个方面，见表 5-2。

表 5-2　　　　　　　　　　　　　　物流模式的区别

比较项目	自营物流配送模式	第三方物流配送模式	物流联盟配送模式
控制能力	较强，可跟踪物流变化	失去对物流的控制权	一般
物流成本	前期投入成本大	成本低	成本较低
服务水平	可以不断改进提高，提供个性化的服务	因第三方物流而定，整体服务水平偏低	共同协商讨论
影响速度	比较快	稍慢	一般水平
信息水平	及时、有效	延后、不健全	及时、有效
服务对象	电子商务企业自身	没有限制	联盟组建企业
覆盖范围	有区域优势，但范围较小	覆盖范围较广	范围较广
专业化水平	缺乏物流专业管理人才，专业化水平低	专业化	专业化
选择风险性	高	相对较低	较高
资金周转	前期基本投入高，增加了固定资金的占有率；销售资金回笼快，资金流转性较好	销售资金回笼慢，影响资金的流动性	销售资金回笼快，资金流转速度快

> **相关链接**
>
> ### 中关村电子商务与现代物流产业联盟
>
> 中关村电子商务与现代物流产业联盟成立于 2012 年 11 月。联盟由北京物资学院、京东商城、当当网、北京物流协会、电子贸易产业联盟、拉卡拉、普天物流、慧聪网、用友软件等在电子商务与物流产业链上下游具有优势的企业和科研机构共同发起成立，会员企业 33 家。
>
> 联盟的指导思想是："以服务产业为导向、以共享资源为主线、以攻关技术为核心，推动电子商务与现代物流产业的发展"。联盟将凝聚产业链上下游资源，促进电子商务与现代物流领域产学研合作，营造良好的产业发展环境。
>
> 目前全国 B2C 购物网站排名前 10 位的企业中有 7 家企业总部设在北京。在现代物流服务领域，北京有普天物流、千方科技、合众思壮等为代表的一批企业。在物流配送方面，北京物流配送服务辐射全国。宅急送、中国邮政 EMS、中国外运、中铁快运等国内领军物流企业总部均设在北京。在金融支付领域，拉卡拉、易宝支付、钱袋网等一批代表性企业，拥有中国最大的便民金融服务网点网络，覆盖全国 300 个城市的主要社区。
>
> 资料来源：中国经济网。

二、教学活动

（一）活动内容

借助互联网平台，通过查看分析数据资料，了解分析我国 B2C 电子商务物流运营模式的未来趋势。

（二）活动要求

（1）查阅各种相关的新闻、数据、评论文章等，尤其是国外 B2C 电子商务模式的运营发展情况，结合目前的状况，分析判断我国 B2C 电子商务运营模式的发展趋势。

（2）小组成员合作完成，制作解说 PPT，派代表进行讲解。

（3）实训时间：2 课时。

（三）操作步骤

（1）查看典型 B2C 网站，如京东商城、淘宝商城、戴尔网上商城等企业的物流运营模式，对比国外的 B2C 网站，如亚马逊等，分析判断我国 B2C 网站的物流模式。

> **提示**：根据所学的内容，结合有价值的资料，形成自己的见解。

（2）资料整理分析：能够将多种资料进行汇总、编辑，保证资料的质量。

（3）制作 PPT 文档：能够形成自己的观点，说服力强，有创新。

（4）讲解：要求讲解人员语言简洁、生动，能借助 PPT 准确表达信息，感染力强。

（四）成果展示

B2C 网站物流运营模式未来趋势评价表

评价项目	评价内容	评价要求	学生自评					小组互评					教师评价				
			1	2	3	4	5	1	2	3	4	5	1	2	3	4	5
B2C 网站现有物流模式	典型	真实															
趋势	创新	论据充分															
合计得分																	

（五）拓展训练

（1）调查了解我国邮政物流业务的特点、业务范围，电商企业与它合作的方式。

（2）顺丰快递发展迅速的原因是什么？

课后提升

京东欲借开放第三方物流结束价格战

京东开放物流，打通行业动脉！

长期以来，"得物流者得天下"早已成为电商业公认的法则。然而与第三方物流合作，虽在一定程度上可以缓解电商的资金压力和管理精力，但也带来诸多不利影响。如果电商不直接控制物流职能，就无法保证供货的准确和及时，势必导致客户体验满意度下降。拥有自建物流优势的京东无疑多了一道发展保障。

企业自营管理的物流模式在服务质量、响应速度等方面更具可控性，而京东快递开放后，其经营模式可以形容为"亚马逊+UPS"，即通过网络平台为消费者提供一站式购物体验。

目前，京东在全国已有 30 座大型智能化物流中心、2000 多万平方米仓储面积、6906 个自提点/配送站、800 多个大型仓库，覆盖全国 90% 以上区县。

此外，京东通过 GIS 系统、配送路线自动规划系统等全面提升客户体验。前者可实现配送服务可视化管理，后者可实现运输路线规划与配送车辆排程完全自动化，不仅节省的整体配送费用相当可观，更大大缩短了订单平均配送时间和配送网点的选址时间。京东更通过干线运输打通全国大动脉，将各大区域连成一张网，通过支线运输建立区域内微循环，在运输能力、效率、投递精准性、配送服务等方面均大大提升。

京东还在北京、上海、广州、成都、武汉、苏州等 25 个城市开通 211 限时达特色服务，上午 11 点前提交的现货订单当日可送达；夜里 11 点前提交的订单则在次日下午 3 点前送达。在弥补了电商物流服务的空白并打通关键节点后，京东快递开放将使其自建物流优势得到全面释放。

同时，京东开放物流，意味着中小电商订单需求将被进一步整合，传统快递业的生存空间将被压缩，再加之淘宝等电商品牌发展趋势放缓，电商业洗牌格局或将提前到来。

电商观察员鲁振旺通过微博表示，星晨急便、CCES 等不断倒闭仅是一个开始，当前小型快递加盟商很难达到盈亏平衡点，行业处于残酷的优胜劣汰中。开放物流不仅说明京东将为第三方公司提供配送服务，此举还将全面摊薄其自建物流成本，或将成为京东经济增长的重要引擎。

电商现在的优势是价格，但行业不可能一直打价格战，从未来发展趋势看，物流和服务将是决定电商胜负的关键。

资料来源：亿邦动力网。

淘宝自建物流平台

在近几年的发展中，淘宝已经成为电商界的大佬。能有这样大的规模，离不开马云的英明决策。几年前，马云就提出了建立淘宝的菜鸟网络。这并不是一句空话，2019年3月，阿里巴巴以46.6亿元收购申通快递股份有限公司。申通快递作为"四通一达"的成员之一，在几年的发展中也是积累了一定量的用户，但是无奈自身实力比较薄弱，所以发展也遇到了瓶颈期。菜鸟对申通的收购，并不是一时冲动。早在2015年，菜鸟就收购了圆通，2018年又收购了中通，现在又收购了申通，而汇通则是很早就被收购了，从而形成了"四通围剿顺丰"的局势。有不少人替顺丰感到担忧，顺丰危机感满满。人们预测，在可见的未来，第三方物流都会变成为自营物流的局面，且势不可挡。

巩固提高

一、填空题

1. 完全自营物流运营模式是指电子商务企业自己建立物流系统，购置物流设备，配置物流人员，自主经营管理物流业务的物流运作和（　　　　）。
2. 物流联盟企业间可实现物流优势互补，（　　　　）是物流联盟产生的最根本原因。
3. （　　　　）物流模式是指电商企业集中精力做自己的核心业务，把配送业务外包给专业物流公司。
4. 物流中3JIT是指（　　　　）、（　　　　）、（　　　　）。

二、简答题

1. 第三方物流的优势有哪些？
2. 采用企业自营物流需具备的条件有哪些？

课后习题：
探究电子商务物流

项目六 认识电子商务客户服务

学习目标

- ☐ 理解电子商务客户服务的含义
- ☐ 了解电子商务客户服务的优势和策略
- ☐ 熟练掌握电子商务客户服务的方式
- ☐ 理解网上交易售前、售中和售后三个阶段客户服务的内容，并能够模拟实现网上销售服务
- ☐ 了解客户关系管理定义、优势等基础知识
- ☐ 掌握电子商务环境下的客户关系管理的定义及实施步骤

任务一
理解电子商务客户服务的含义

任务描述

企业提供服务的目的是满足顾客在购物时的需求和欲望，从而提高顾客忠诚度和满意度，以此来留住顾客。电子商务的迅速发展给企业的客户服务管理带来了无限的发展空间，企业可以在可承受的成本范围内管理更多的客户资源，实现更高的客户满意度。本任务分别从含义、优势、策略和服务方式等方面介绍电子商务环境下的客户服务，让我们更全面、更深刻地理解电子商务时代企业客户服务的发展和转变。

任务目标

本任务要求学生能够理解电子商务客户服务的含义，了解电子商务客户服务的优势和策略，掌握电子商务客户服务的方式，并能熟练运用。

任务实施

一、知识准备

（一）电子商务客户服务的定义

电子商务作为连接信息技术和传统经济的桥梁和纽带，为企业与客户之间提供着经济、便捷、互动的商品和信息服务。随着电子商务的飞速发展，经济活动已由以企业为中心转变为以客户为中心，客户的需求结构变得日益复杂，企业产品的质量已不再是决定企业能否在市场竞争中生存下去的唯一因素。现代客户需要的是个性化的服务，互联网的全天候、即时、互动等优势使满足客户的个性化需求成为可能，越来越多的公司将客户服务整合到公司的营销计划之中，通过网络建立"一对一"的客户服务关系。

客户服务属于围绕核心产品所开展的附加服务，是从客户出发，为客户着想，直接服务于客户的需要。电子商务环境下的客户服务，是在传统环境下客户服务管理的基础上，以信息技术和网络技术为平台的一种新兴的客户关系服务管理理念与模式，其目的是满足客户以信息为基础的需求，提高生产效率和客户满意度，从而保证企业在激烈的竞争中得以生存。

（二）电子商务客户服务的优势

1. 较低的客户服务成本

电子商务环境下客户的服务成本大大降低，企业可以通过网络传递商品和服务，大大缩短了渠道流通环节，降低了促销费用。企业和客户在充分沟通的基础上，相互了解对方的价值追求和利益所在，寻找双方最佳的合作方式，使企业在向客户提供服务的同时降低成本，从而提升产品的价格竞争优势。

2. 较高的客户服务效率

互联网可以支持客户随时、准确地访问企业信息，寻找决策依据及满足需求的可行途径。客户通过网站留言、发送电子邮件、在线互动等方式可以快速地将问题传递给企业，方便企业及时地解答这些问题。即时信息、聊天室等客户服务手段不断推出，缩短了客户服务的时间，大大提高了顾客满意度和客户服务效率。

3. 多样的客户服务手段

电子商务改变着企业的经营方式，企业通过互联网向客户销售产品，提供售后服务，以很低的成本收集客户信息，给客户带来更好、更优质的服务。电子商务环境下的客户服务方式日趋多样，除了电话、上门服务等传统的方式之外，FAQ、论坛、电子邮件、即时信息等网络客户服务手段不断出现，为客户提供更加方便、快捷、高效的客户服务。

4. 更新的客户服务理念

互联网带来的不仅是一种手段，而是企业组织架构、工作流程的重组以及管理思想的变革。随着电子商务的飞速发展，企业从以产品为中心向以客户为中心转移，"客户联盟"的概念被提出，企业通过与客户建立共同获利的关系，达到"双赢"的结果。

（三）电子商务客户服务的策略

1. 了解客户的特点，明确客户的需求

通过互联网企业可以向客户提供产品和公司情况等信息，可以比较直接地认识和了解客户,运用网络工具与客户之间进行沟通,进而分析客户的需求特点、购买动机和行为,制订个性化的服务方案,通过高质量、高效率的客户服务增加客户价值,减少客户成本,最大限度地提高客户满意度。

2. 转变服务观念,变被动服务为主动服务

> **相关链接**
>
> **中国互联网络发展状况统计报告**
>
> 中国互联网络信息中心(CNNIC)发布的第42次《中国互联网络发展状况统计报告》显示,截至2018年6月30日,我国网民规模达8.02亿人次,互联网普及率为57.7%。在人员结构方面,中国互联网用户中学生群体最多,占比24.8%。从学历上来看,初中、高中(中专/技校)学历的网民占比62.8%,其中,初中学历网民占比为37.7%,本科学历的用户只占10.6%。而在经济方面,月收入在5000元以上的人只占24.8%,也就是说,大部分互联网用户的经济水平并不高。在网民增速逐步放缓的背景下,网络购物应用依然呈现快速的增长势头。
>
> 资料来源:中国互联网络信息中心。

传统环境下的客户服务,企业往往处于被动地位,客户要求什么就做什么,缺乏主动性。随着网上交易的迅速发展,企业需要重新站在互联网的角度思考客户服务问题,充分利用互联网全天候、互动性、及时性等特点,积极主动地为客户提供服务。例如,在产品销售前,企业可以向客户详细地介绍产品的价格、性能、使用说明、其他的客户评价、竞争者的相关信息等内容,方便客户比较分析,进行购买决策。产品销售后,企业需要帮助客户解决问题,通过建立常见问题列表、公布产品信息技术资料等方式帮助客户自我解决普遍问题,同时企业还要为个别客户提供个性化服务或线下服务解决不常见的疑难问题。

3. 及时处理问题,加强与客户的沟通

当客户对企业所提供的产品或服务不满意时,往往通过以下两种方式表达不满:一是向企业直接表达自己的不满,希望得到一定的赔偿或妥善解决;二是不再购买该产品或服务。这必须引起企业的足够重视,企业应采用合适的方法及时妥善地处理问题。利用网络与客户直接进行沟通是最好的方法之一,企业通过各种网络工具与客户之间加强沟通,耐心地听取客户提出的问题,充分传达解决问题的诚意,认真地解答和处理问题,获得客户的信任和容忍,最大限度地提高客户的满意度和忠诚度。

4. 加强人员培训,提高服务人员素质

与传统环境下的客户服务相同,服务人员在客户服务中起着至关重要的作用。专业技能精湛、工作态度认真、服务态度友好的服务人员是电子商务环境下客户服务的重要因素。客户通过服务人员这一窗口了解企业的产品和服务,因此要加强对服务人员的培训,提高服务人员的素质,鼓励他们充分利用好每一次与客户沟通的机会,使客户得到更好的服务。

> **相关链接**
>
> **淘宝客户服务人员的沟通技巧**
>
> - 使用礼貌有活力的沟通语言。
> - 遇到问题时，多检讨自己，少指责对方。
> - 多换位思考，理解顾客的意愿。
> - 表达不同意见时尊重对方立场。
> - 认真倾听，了解客户的情况和想法后再判断和推荐。
> - 经常对客户表示感谢。
> - 处理纠纷时要做到快速反应、热情接待、认真倾听、安抚和解释、诚恳道歉、提出补救措施、通知客户并及时跟进。
>
> 资料来源：360doc 个人图书馆。

（四）电子商务客户服务的方式

传统环境下的客户服务手段主要有电话和信函咨询、工作人员上门服务、设立服务网点等。电子商务环境下客户服务除了传统手段之外，充分利用互联网的特点，开创了 FAQ、电子邮件、网络社区、即时消息等新型服务手段。

岗位客服

1. 常见问题解答（FAQ）

FAQ 是电子商务客户服务的一种重要方式，主要为客户提供产品和服务等方面问题的解答。一个设计完善的 FAQ 系统，应该至少可以回答用户 80% 的问题。这样既能引发随意浏览者的兴趣，也能帮助有目的的客户迅速找到所需信息，大大减轻企业工作人员的压力，节省客户服务成本，增加顾客满意度。

FAQ 可以设计成两套：一套针对潜在客户和新客户，主要提供关于公司、产品等基本性问题；另一套针对老顾客，主要提供详细的技术细节、技术改进等更深层次的问题。这样潜在顾客会感受到公司对他们的支持和帮助，进而转化为现实客户；新顾客会感受到公司的真诚服务；老顾客会感受到公司的特别关注。

FAQ 设计的问题必须是客户经常问到和遇到的，为保证 FAQ 的有效性，企业要经常更新问题，将客户提出的热点问题设计进去。问题和解答要短小精准，对于提问频率高的常见的简单问题，不要用很长的文本文件，这样会浪费客户在线时间。同时为方便客户使用，FAQ 设计时还要注意以下问题：

（1）提供检索功能。FAQ 应该能够提供搜索功能，客户通过输入关键字可以直接找到相关问题。

（2）选择合理格式。为方便客户查询问题，设计时可以采用分层目录式的结构组织问题的解答，但目录层次不能太多，最好不要超过四层。

（3）问题排序合理。将客户经常提问的问题放到前面，对于其他问题可以按照一定规律排列，对于一些复杂问题，可以在问题之间设计连接，便于找到相关问题的答案。

> **相关链接**
>
> 新浪网 FAQ 的主要内容
>
> 新浪网帮助中心下设置了"常见问题"菜单，分为博客、微博、新浪 UC、VIP 邮箱、CN 邮箱、免费邮箱、安全中心、U 币、新付通、视频、商城、论坛和广告共 13 类，每个类别下设若干常见问题，网站针对每个问题给予解答。用户可以轻松、方便地找到自己的答案。新浪常见问题页面如下图所示。
>
>
>
> 新浪网站常见问题页面
>
> 资料来源：新浪网站常见问题页面。

2. 电子邮件

电子邮件（Email）是一种通过计算机联网与其他用户进行联络的现代化通信手段，具有方便、快捷、低成本等特点。作为一种快捷的沟通方式，其目前已经成为企业进行客户服务的主要工具。客户可直接向企业发送电子邮件，不受任何时间上的限制。企业通过电子邮件直接答复客户的问题，具有较强的针对性，方便企业和客户之间的沟通联系。

企业在通过电子邮件开展客户服务时要注重以下几个方面：

（1）分类管理。企业可将客户的 Email 按内容的不同进行分类，让对应的部门来解答对应的客户问题，这样既提高了效率又便于更好地解答问题。

（2）设置自动应答。企业应设定电子邮箱的自动应答功能，事先设置好回复内容，当收到客户来信时自动回复邮件，既通知客户邮件已收到，又给客户带来被关注的感觉。电子邮箱自动应答设置页面如图 6-1 所示。

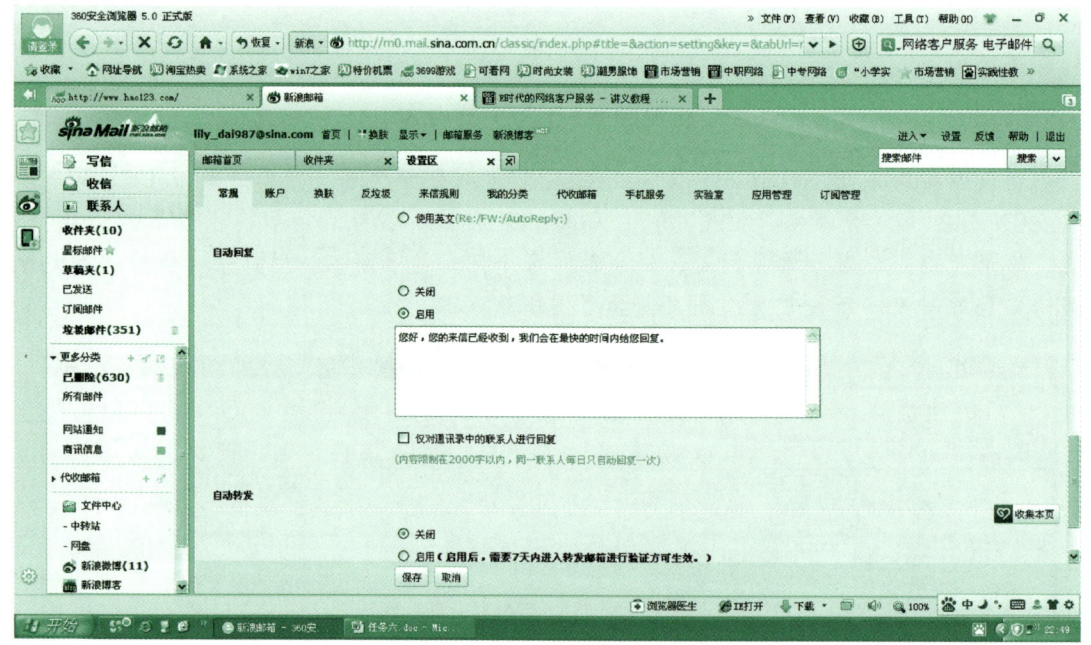

图 6-1　电子邮箱自动应答设置页面

（3）及时回复邮件。企业可根据客户所提问题的紧急程度在不同的时间内给出答复，大多数邮件 24 小时内应对客户给予答复，紧急邮件应尽快回复，短时间内无法处理的，应事先告知预计处理时间。

（4）建立主动的服务关系。企业应合理利用 Email 与客户建立主动的服务关系，合理开展许可 Email 营销。例如，及时向客户发送企业新产品和服务的促销信息，征求客户意见，获取最新的客户需求动态，为企业下一步决策提供相应依据。

此外，企业回复客户 Email 时要主题明确，内容表达准确，简明扼要，注意使用礼貌用语，避免出现错别字，对于客户提出的宝贵意见应专门致谢。

3. 网络社区

网络社区包括论坛、讨论组和邮件列表等形式，目前是比较常见的网站推广手段和客户服务方式。其中应用最广泛的是论坛形式，客户可以在论坛上提出自己的问题，网站服务人员通过论坛回答客户的问题，同时论坛的其他成员也可以对问题进行解答（见图 6-2）。网络论坛社区成员之间的相互对话、帮助和解答可以有效发挥网络优势。通过论坛开展客户服务是 FAQ 的有效补充，企业可将论坛中的常见问题及解答补充到 FAQ 中，或通过邮件列表发送给客户。

利用网络社区开展客户服务可以使客户对公司及产品的好评广泛传播，大大增加公司及产品的信誉，但同时一些不利的言论也会通过网络传播，因此公司要对网络论坛的内容进行监测，及时发现，主动解决，尽快消除影响。

图 6-2　iPhone 手机论坛页面

4. 即时信息

即时消息（Instant Messaging，IM）是通过互联网为客户提供的一种方便快捷的交流方式。通过它，人们可以在线交谈、互传文件、语音对话、视频会议等，是一种有效的客户服务方式，主要包括各种聊天工具如微信、QQ、MSN 等。这种方式需要企业配置高素质的客服人员与客户沟通，由于其带来较高的客户满意度，已引起越来越多企业的关注。

二、教学活动

（一）活动内容

借助互联网平台，结合个人网店上销售的产品，模拟客户使用产品时可能遇到的问题，设计 FAQ 的内容。为个人网店的顾客设计一封富有个性的购物纪念贺卡，并通过电子邮件发送给顾客。

（二）活动要求

（1）学生两人一组，每组成员分工合作，共同完成实训内容。
（2）FAQ 内容要求不少于 5 条，解答简洁准确。
（3）购物纪念贺卡可运用 Photoshop 等工具进行设计，文件不宜过大。
（4）完成实训内容后填写"实训记录表"。

实训记录表

网店名称		网店店主	
经营商品		顾客群	
网店电子邮箱		顾客电子邮箱	
贺卡设计内容			
FAQ 问题设计及解答			

（三）操作步骤

（1）结合个人网店所销售的产品，模拟客户使用产品时可能遇到的问题，设计 FAQ 的内容。

（2）FAQ 设计可模拟针对新老顾客分别进行。

（3）结合个人网店的顾客特点，使用熟悉的图片处理软件制作购物纪念贺卡。

（4）将完成的贺卡通过电子邮件发送给顾客，进一步宣传产品销售信息，加强沟通，建立良好的客户关系。

（四）拓展训练

根据自己网店销售的产品，登录相关论坛，查看顾客对此类产品的意见和反馈信息，登录后进行问题的探讨，并将信息进行归纳整理，继续充实 FAQ 的内容。

课后提升

淘宝商城网店客服工作流程

随着网络购物的兴起和普及，个人网店的规模也逐渐增大，许多店主单打独斗已经无暇应付，不得不四处寻找帮手，这促使一个新的职业在网上产生——网店客服。网店客服是网店的一种服务形式，通过网络，提供给客户解答和售后等的服务，称为网店客服。例如，淘宝网，网店客服就是阿里软件提供给淘宝掌柜的在线客户服务系统，旨在让淘宝掌柜更高效地管理网店，及时把握商机消息，从容应对繁忙的生意。具体工作流程如下：

（1）熟悉产品，了解产品相关信息。客服是联系店铺和客户之间的桥梁，对于产品的特征、功能、注意事项等要做到了如指掌，这样才能流利解答客户提出的各种关于产品的信息。

（2）接待客户。主要有两种途径实现，一是利用阿里旺旺、QQ 等即时通信工具和客户进行沟通；二是接听客户打进来的电话。一个优秀的客服懂得如何接待好客户，同时还能引导消费者进行附带消费。

（3）查看宝贝数量。店铺页面上的库存跟实际库存是有出入的，所以客服需要到网店管家当中查看宝贝的实际库存量，这样才不会出现缺货发不了订单的情况。

（4）客户下单付款，跟客户核对收件信息。为谨慎起见，客服需要与客户核对订单信息，确保收货人信息的准确性。

（5）修改备注。有时候客户订单信息或者是收件信息有变，那么作为客服来说，有义务将变动反馈出来，确保订单准确无误。

（6）发货通知。货物发出去之后，给客户发条信息，告知包裹已经发出，也可以增加客户对你店铺的好感度。对于拍下商品未付款的客户，客服可视情况予以提醒。

（7）客户评价。交易完成之后，记得给客户写个评价，这是免费给店铺做广告的机会。

（8）中差评处理。当发现有中差评的时候，马上与客户沟通，了解具体情况，寻求解决办法。对于一些通过恶意评价来获得不当利益的买家，客服就要注意收集信息，为投诉翻案收集证据。

（9）相关软件的学习。客服要认真学习网店管家、淘宝网店版等店铺管理工具，借助辅助工具，提高工作效率。

巩固提高

在线接待
基本流程

一、填空题

1. 电子商务环境下的客户服务是在传统环境下的客户服务管理的基础上，以信息技术和网络技术为平台的一种新兴的（　　　　）服务管理理念与模式。

2. 随着电子商务的飞速发展，企业从以产品为中心向以（　　　　）为中心转移。

3. FAQ可以设计成两套，一套针对潜在客户和新客户，另一套针对（　　　　）。

二、简答题

1. 简述电子商务客户服务的优势。
2. 简述电子商务客户服务的策略。

任务二
了解并模拟网上销售服务

任务描述

网上销售服务包括售前服务、售中服务和售后服务。售前服务是利用互联网把产品的主要性能、使用方法、价格等相关信息发送给目标客户；售中服务是指为客户提供的咨询、订货、结算、送货等服务；售后服务主要是帮助顾客解决产品使用过程中的问题，如安装、调试产品，排除技术故障，提供技术支持，获得客户对产品和服务的反馈等。本任务主要从售前、售中和售后三个阶段介绍服务的内容，模拟实现网上销售服务的全过程。

任务目标

网上销售按交易流程可分为销售前、销售中和销售后三个阶段，本任务要求学生能够理解这三个阶段客户服务的内容，并能够模拟实现网上销售服务。

任务实施

一、知识准备

（一）网上售前服务

网上产品的售前阶段，主要是指买卖双方和参与交易的各方在签约前的准备活动，包括在互联网上寻找交易机会，通过交换信息比较价格，选择交易对象等。网上售前服务是市场以商品为中心向以服务为中心转变的必然产物，作为营销必不可少的手段之一，其地位与作用越来越重要。从交易双方的需求分析，网上售前服务主要提供的是信息服务，包括两种：一种是通过自己网站宣传和介绍产品信息，这要求企业的网站有一定的知名度，否则难以引起消费者的注意；另一种是通过网上虚拟市场提供商品信息，企业可以免费在上面发布产品信息、介绍产品性能，同时还可以提供同类产品的比较信息、产品使用说明等。

目前我国消费市场繁荣、兴旺，但服务消费市场相对滞后，服务的潜力远未被充分发掘出来。能提供售前服务的企业，势必会增加其与竞争对手的抗衡能力。

网上售前服务主要包括如下内容：

1. 商品搜索和比较服务

目前网上商店越来越多，商品种类越来越繁杂，消费者如何才能快速找到自己喜欢的商品呢？为了方便顾客购物，网上商店应提供搜索服务，使顾客可以快捷地找到想要的东西。另外在网上购物不像在传统商店那样可以直观地了解商品，所以网上商店还应提供一些有关商品的详细信息，同时推荐同款、同类商品的比较信息，方便顾客做出购买决策。网店比较信息服务页面如图 6-3 所示。

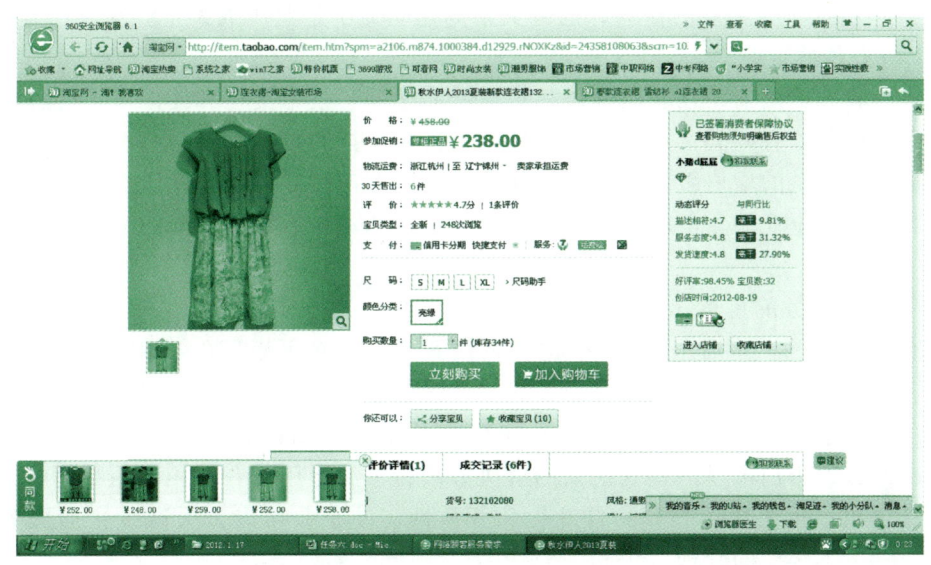

图 6-3 网店比较信息服务页面

2. 为顾客提供个性化服务

从对服务的需求而言，电子商务时代是一个服务需求多样化、个性化的时代。个性化服务改变了"我提供什么，用户接受什么"的传统方式，变成了"用户需要什么，我提供什么"的个性化方式。网上商店应根据顾客的身份、爱好和需求，满足消费者的个性化需求。

(二) 网上售中服务

网上售中服务主要是指销售过程中的服务。在交易过程中，企业向用户提供商品查询、信息咨询、商品订购、货款支付、货物配送、订单查询等服务，以保证商品交易活动的顺利实现。电子商务交易过程中的客户服务包括如下内容：

1. 了解产品信息

了解公司产品和服务的详细信息是目前消费者的迫切要求，消费者通过互联网能够准确、及时地寻找到能满足他们个性化需求的信息。例如，Amazon 网上书店设立了 "Eyes" 搜索工具，可以为顾客提供所需的图书信息，并及时给客户发送 Email。

2. 帮助解决问题

顾客在购买产品或服务后，可能面临许多问题，需要企业提供服务解决这些问题。帮助顾客解决问题是客户服务工作的重中之重。目前顾客需要的不仅仅是一个问题的解决，同时还需要对产品知识进行自我学习和自我培训。越来越多的企业网站提供技术支持和产品服务，以及常见问题列表（FAQ）等，帮助顾客通过互联网寻求帮助，自己解决问题。

3. 接触公司人员

对于比较难解决的问题，顾客希望直接得到公司的支持和服务，必要时需要与公司人员直接接触，得到直接答复或反馈意见。

4. 了解整个过程

顾客不仅需要了解产品信息、帮助解决问题、与公司人员沟通，还要作为整个营销过程中的一个积极主动因素参与产品的设计、制造、运送等。让顾客了解整个过程实际上意味着企业和顾客"一对一"关系的建立,这种关系的建立为小企业挑战大企业提供了有力保障。

(三) 网上售后服务

网上售后服务就是借助互联网满足客户对产品帮助、技术支持和使用维护等方面需求的服务。网上售后服务有两类:一类是基本的网上产品支持和技术服务;另一类是企业为满足顾客的附加需求提供的增值服务。通常企业会提供网上产品支持和技术服务,可以方便顾客寻求帮助。为提升企业的竞争能力,许多企业在提供基本售后服务的同时,还提供一些增值性服务。

1. 网上售后服务的特点

(1) 便捷性。网上售后服务24小时全天候开放,顾客可以随时上网寻求支持和服务,方便快捷。

(2) 灵活性。由于网上售后服务综合了许多技术人员知识、经验和以往顾客出现常见问题的解决办法,用户可以借鉴其他人的解决方法,灵活运用,获取相应的帮助。

(3) 低廉性。网上售后服务的自动化和开放性,使企业可以大大减少售后服务和技术支持人员,减少不必要的管理费用和服务费用,降低企业成本。

(4) 直接性。消费者购物后遇到问题可通过互联网直接与企业联系寻求服务,这样避免了传统方式的多个中间环节,大大提高了服务质量和工作效率。

2. 网上售后服务的内容

售后服务一般应包括如下几个方面:

(1) 送货服务。网上购物时所有的商品都需要由商家运送到顾客手中,商家可以通过自己的物流配送部门完成,也可借助第三方物流配送完成。商品能否及时、完好地运送到消费者手中直接决定着交易的成败。

(2) 无条件退、换货。重视客户服务的网上商店通常会承诺无条件退、换货,以便让顾客放心购买。例如,在淘宝网,消费者对收到的货物不满意可申请"退款/退货"(见图6-4)。在交易完成15日内,消费者可"申请售后",与卖家协商换货或维修等。对于出现的各种纠纷,消费者可通过"投诉卖家"维护自己的权益。

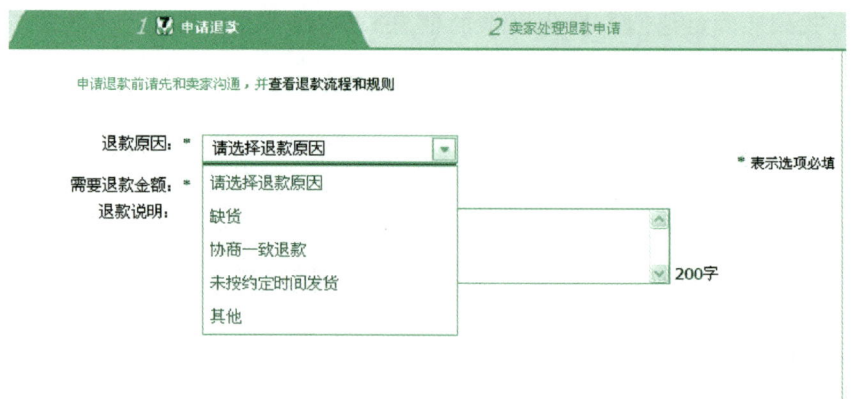

图6-4 申请退款/退货页面

（3）建立和保留客户的购货记录。购货记录可使客户清楚自己的购货情况，也可使公司了解客户的消费倾向、购货特点等，并据此组织货源、掌握进货的时间和数量，使资金利用和库存达到最佳状态。

（4）加强与客户的联系。如何确保与客户的长期合作比获取新客源更应引起企业的重视，企业在提供能够满足客户需求的产品和服务的同时，还应该通过 Email、网站、网络广告等手段提供优质的支持服务，加强与客户的联系。

二、教学活动

（一）活动内容

借助互联网平台，体会作为卖方如何在网上销售过程中提供周到、细致的客户服务。

客户进店话术

（二）活动要求

（1）学生两人一组，每组成员分工合作，共同完成实训内容。

（2）每组学生分别扮演网店客服人员和消费者，在网上销售过程模拟可能遇到的各种情况，客服人员予以处理。

（3）完成实训内容后填写"实训记录表"。

实训记录表

网店名称		网店店主	
经营商品		客服人员	
售前遇到的问题及问题的处理			
售中遇到的问题及问题的处理			
售后遇到的问题及问题的处理			

（三）操作步骤

（1）结合网店所销售的产品，模拟售前、售中、售后遇到的各种问题，网店客服及时给予处理。

（2）结合遇到的问题，总结售前、售中、售后三个阶段可提供客户服务的内容。

（四）拓展训练

通过互联网搜索网络销售服务的相关知识，结合上面的实训任务，完善网上销售服务的内容。

课后提升

网上书店的销售服务

网上书店在达成交易的同时还要维系与读者的关系,更好地为读者提供全方位的服务。网上书店的销售服务分为售前服务、售中服务和售后服务。

1. 售前服务

(1) 信息提供服务。互联网为网上书店提供了广阔的信息发布平台,而且成本低廉。因此,网上书店可以比传统书店提供更为丰富的书业信息。一般来说,网上书店提供的信息主要包括以下两类:一类是图书的出版信息,包括网上书店的可供书目、最近的新书信息、即将出版的新书介绍等;另一类是书业企业营销信息,包括出版社、网上书店正在开展或即将开展的各种营销活动(如读书月、折价售书)的信息。

(2) 信息整合服务。网上书店要整合读者与书业企业(包括出版社和书店)之间的信息,网上书店要让书业企业能够及时了解读者的需求动态,也要让读者及时了解书业企业的出版动态。网上书店还要整合读者与读者之间的信息,把读者的一些疑难困惑进行分类公布,并鼓励其他读者来帮助解答,为其他读者提供购书参考。

2. 售中服务

(1) 参考建议服务。一方面,网上书店要为读者提供方便快捷的信息搜索方式,包括使用实用的图书分类方法、提供多种途径的图书检索方式和多角度的链接方式;另一方面,要提供科学的、人性化的参考建议,网上书店可以为第一次购书的读者建立信息档案,日后读者选购图书时,服务软件就可以在综合分析读者的年龄、职业、兴趣爱好、购买频次等信息的基础上向读者推荐相关的图书。

(2) 安全保障服务。一方面,网上书店要建立安全可靠的支付协议,确保网上读者安全支付;另一方面,网上书店要采取一套安全消费保障措施来处理交易过程中的差错故障。

3. 售后服务

(1) 配送服务。网上书店只是提供了一个虚拟的卖场,配送服务也是网上书店营销服务的一个主要内容。当前网上书店可以选择的送货方式主要有三种:一是通过邮局寄送;二是专业配送公司发送;三是自己组织人员配送。

(2) 质量保证服务。网上书店的质量保证服务主要包括两方面的内容:一是确保读者购买的图书准确、及时地被送到。二是提供退换服务,允许读者对不满意的图书进行退换,这无疑是对网上书店出售的图书及服务最有力的质量保证。

(3) 消费指导服务。网上书店对读者进行消费指导可以从以下三个方面着手:一是解答读者的问题,读者把阅读图书时产生的疑难困惑反馈到网上,网上书店帮助其解决这些问题;二是在网上发布相关的书评或读后感,为读者提供一些背景知识和参考意见,以帮助读者更好地阅读使用图书;三是对于一些专业性较强的图书,网上书店可以在取得读者的同意后,定期用电子邮件向读者发送专家的特色书评,与读者进行互动式的沟通,以建立一种持久的、有价值的合作关系。

> 巩固提高

一、填空题

1. 网上（　　　　）就是借助互联网满足客户对产品帮助、技术支持和使用维护等方面需求的服务。

2. 网上售后服务的特点包括便捷性、灵活性、低廉性和（　　　　）。

二、简答题

1. 简述网上售后服务的内容。
2. 简述网上售中服务的内容。

任务三
了解客户关系管理

任务描述

客户关系管理（Customer Relationship Management，CRM）是通过对客户详细资料的深入分析，来提高客户满意程度，从而提高企业的竞争力的一种手段。电子商务环境下，随着网络技术和信息技术的发展，CRM 的模式有了新的发展。本任务分别从客户关系管理的概念、优势、电子商务环境下客户关系管理的特点、实施等几个方面系统地介绍客户关系管理。

任务目标

CRM 是一种以客户为中心的经营策略，它以信息技术为手段，对业务功能进行重新设计，并对工作流程进行重组。本任务要求学生在掌握客户关系管理基础知识的基础上，获得企业如何应用 E-CRM 的认知，进而更深入地理解中小企业需要根据自身情况，有步骤、分阶段地实施 E-CRM。

任务实施

一、知识准备

（一）客户关系管理的概念

客户关系管理，是一种以客户为中心的管理思想和经营理念，旨在改善企业与客户之间关系的新型管理机制，实施于企业的市场、销售、服务与技术支持等与客户相关的领域，目标是通过提供更快速和周到的优质服务吸引和保持更多的客户，并通过对营销业务流程的全面管理来降低产品的销售成本。

（二）客户关系管理的优势

1. 有利于企业降低成本，增加收入

企业通常通过大众媒体进行广告宣传，树立企业品牌形象，很难考虑顾客的专门需要。实施客户关系管理后，企业可与消费群体进行"一对一"的营销，而且成本低、效果好。通过客户关系管理，可以对客户信息进行全面整合，实现信息充分共享，发掘客户的潜在需求，增加企业收入。

2. 有利于加强企业内部管理，提高效率

客户关系管理有助于企业将运作重心从生产产品、提供服务转移到了解客户需求、掌握市场动态、销售商品等方面。企业对客户信息进行全面整合，实现信息充分共享，保证为客户提供更为快捷与周到的服务，优化企业的业务流程，把"为客户解决需求"的理念贯彻到企业的所有环节中。

3. 有利于提高客户忠诚度，拓展市场

客户关系管理的核心是客户价值管理，客户可以通过多种形式与企业进行交流和业务往来，企业可以记录分析客户的个性化需求，建立"一对一"营销关系，企业可充分挖掘客户的潜在价值，提高客户忠诚度，掌握更多的业务机会。

相关链接

目前我国 CRM 发展现状

CRM 在我国的市场体系并不完善，我国企业大多还处于 CRM 的教育和培训阶段，无论从产品、区域、行业，还是销售来看，整个市场都还不健全。但是 CRM 也逐渐被国内企业熟知并应用，较早实施 CRM 的企业主要集中于银行、电信、保险、航空等行业，此外主要是一些大型高科技企业。面对国外著名厂商的大量进入，国内软件公司也积极投入到 CRM 软件开发中来。继北京联成互动第一家发布中小企业 CRM 软件产品后，用友、中圣、金蝶、任我行等一批 CRM 产品相继开发应用。

资料来源：百度知道。

（三）电子商务环境下的客户关系管理

1. 电子商务环境下的客户关系管理的定义

在电子商务环境下，随着网络技术和信息技术的不断进步，CRM 的模式有了新的发展。电子商务环境下的 CRM 被统称为"电子化客户关系"（E-CRM）。E-CRM 是指从公司的战略和竞争角度出发，利用现代信息技术，通过对企业业务流程中客户关系的交互式管理，提升客户的满意度，建立长期的客户关系，拓展企业附着于客户关系网络的无形资产基础，为相关的业务流程提供有效的决策信息，提高业务流程的效率和整合程度，从而为公司获得有利的市场定位和持续的竞争优势提供保证。

2. 电子商务环境下客户关系管理的特点

电子商务环境下的客户关系管理，是在传统商务环境下客户关系管理的基础上，以信息技术和网络技术为平台的一种新兴的客户管理理念与模式。其主要特点有：

（1）信息共享，利于沟通。电子商务环境下顾客可以随时随地登录企业网站，了解产品和服务信息，满足自己需求。企业通过 CRM 可集中内部原来分散的客户数据，形成正确、完整、统一的客户信息为各部门所共享。客户能得到来自企业任何一个部门的一致的信息。营销人员可全面地把握企业的运行状况及变化趋势，以便为客户提供更为有效的信息，改善信息沟通效果。

（2）集成的 CRM 解决方案。在电子商务模式下，为了使企业业务的运作保持协调一致，需要建立集成的 CRM 解决方案，使后台应用系统与电子商务的运作策略相互协调，客户可选择电子邮件、电话、传真等多种方式与企业联系，得到满意的答复。

（3）提供个性化服务。电子商务环境下的 CRM 强调的是企业要与客户之间达成有效的、实时的互动。无论是维系老客户还是发掘新客户，CRM 都可以通过互联网实现同步操作，利用大型数据库来管理客户的一些信息，利用数据挖掘和数据仓库技术对客户数据和商业数据进行智能化分析，最大限度地满足客户个性化的需求。

（4）筛选出正确的客户群。CRM 对企业的客户进行了划分和管理，对开展电子商务起着举足轻重的作用。实施 CRM 可以筛选出正确的客户群，使企业在进行电子商务活动时花费尽量少的代价而获得较多的利润，使电子商务活动更有针对性、更有效率。

3. 电子商务环境下客户关系管理的实施

电子商务极大地促进了客户关系管理的发展，而客户关系管理发展中出现的问题也不断向电子商务和互联网的技术及应用提出挑战。电子商务的出现产生了真正意义上的 CRM，CRM 又成就了真正意义上的电子商务，它们之间是互相推进、互相制约的关系。在电子商务时代，成功实施客户关系管理要做到以下几点：

（1）管理层支持，形成项目实施决策合力。企业管理层的理解和支持是成功实施 CRM 的关键。首先，企业管理者要树立客户关系管理的理念，确定客户关系管理战略。其次，高层管理者必须树立权威保证项目的顺利开展。再次，企业管理者必须对项目有相当的参与程度，进而能够对项目实施有一定认识和理解。

（2）确立合理的实施目标。CRM 的实施必须要有明确的目标。企业在制定规划与目标时要结合企业自身的资源条件、管理状况和外部环境对企业的要求及挑战等进行考虑，同时也要清楚认识到企业自身对 CRM 的需求以及 CRM 将如何改变或影响企业的商业流程。

（3）组建权责明确的实施团队。实施团队是保证 CRM 系统正常运行的核心动力。成功的 CRM 实施团队应包括企业的决策领导层，企业内部信息技术、营销、销售、财务、生产研发等相关实施部门的业务骨干。除此之外，还须聘请专业的顾问人员，也可邀请客户代表参与到项目实施中来。

（4）通过业务驱动 CRM 项目的实施。CRM 的实施是以业务过程来驱动的，IT 技术只是为 CRM 的实现提供了技术支持。因此要从客户和企业相关部门的角度出发，分析他们对客户关系管理系统的实际需求，选择合适的 CRM 软件，提高系统的有效性。要在软件提供的先进技术与企业目前的运作流程间找到平衡点，尽可能地在应用中保留企业流程的特点和优势。

（5）灵活运用技术，提高客户的参与度。企业应根据业务流程中存在的问题选择合适的技术，而不是调整流程来适应技术要求。在选择技术时要重视灵活性和可扩展性，以满足未来的扩展需要。

（6）有目的有步骤地实施业务调整。企业实施客户关系管理项目要遵循"总体规划，分步实施"的原则。CRM 是一项复杂的系统工程，要根据企业的经济实力、实际业务需求，在确定 CRM 总体规划的基础上，对需要处理的问题根据其重要程度设置优先级，按优先级高低分步实施各个子项目，这样才能确保实施效果。

（7）优化系统资源配置，提高系统效率。企业应充分调动每一团队成员的积极性，提高终端用户界面的可操作性，加强企业内联网和外联网的建设，使 CRM 系统各部分的功能协调运行，提高系统效率。

在电子商务时代，有效实施客户关系管理是企业保持旺盛竞争力的强劲动力，是企业持续、快速、健康发展的必然选择。

二、教学活动

（一）活动内容

借助互联网平台，以小组为单位，针对不同行业进行资料搜集，获得企业如何应用 E-CRM 的认知，进而更深入地理解中小企业需要根据自身情况，有步骤、分阶段地实施 E-CRM。

（二）活动要求

（1）学生 4 人一组，每组成员分工合作，共同完成实训内容。
（2）每组按实训要求认真撰写汇总报告，教师进行归纳、讲评。

（三）操作步骤

（1）以行业不同进行分组，如旅游、餐饮、书籍、化妆品、服饰、物流、花卉等。每组选出组长一名。
（2）每组组长制订计划，通过上网查找相关资料，实地调查所选行业的中小企业应用 E-CRM 的现状。
（3）依据搜集到的资料撰写该行业的 E-CRM 应用汇总报告。

（四）拓展训练

对于表现突出的小组，教师可选派学生把调查中比较典型的中小企业 E-CRM 应用实际情况的场景表现出来，加深同学们的印象。

课后提升

国内 CRM 发展趋势

如今是一个以客户为中心的服务时代，如何把握客户需求成为众多企业快速发展的必需元素。越来越多的企业开始逐步转变营销手段，由从前的以"产品"为中心慢慢转向以"服务"为主导的线路上来。

一、云计算背景下，SaaS 型 CRM 发展迅猛

伴随着云计算概念的落地，SaaS 型 CRM 受到了不少厂商及中小企业的追捧。继微软、Salesforce 等在线型 CRM 厂商之后，国内也出现了不少 SaaS 型 CRM 厂商，如 XTools、八百客、百会、风云在线等。这些曾经被嗤之以鼻、不被看好的厂商，历经 CRM 市场的洗礼及历练，如今已对传统型的 CRM 厂商造成了不小冲击，在传统厂商利润大幅下降，甚至亏损的背景下，它们依旧保持着较高的增长率，并创造着下一个奇迹。SaaS 型 CRM 依托其价格低廉、无须维护、架构灵活等显著特点，必将进一步侵蚀整个 CRM 市场。

二、移动应用不落后，移动 CRM 初现

在移动技术被广泛应用的诱惑下，CRM 也紧随移动办公进入移动领域，并且成为不少业务人员必需的利器。一些专门提供移动 CRM 的厂商和传统的 CRM 厂商开始涉足移动应用领域。移动 CRM 要实现的不仅是突破时空限制，还要保证可以与公司平台沟通，提高管理效率等。市场研究公司 Forrester 的副总裁兼首席分析师 William Band 曾表示："移动性已经成为公司的一个关键性竞争优势。尤其是在像销售领域这样直接面向客户并进行客户服务活动的行业，让现场员工使用手持移动设备无疑会是一个提高服务水平的理想选择。目前这已经成为发展的主流。"

三、打破传统思想，社交 CRM 成热点

据市场调研来看，每一个新技术的诞生，必然会给企业带来颠覆性变革，变革的实现只是时间的问题。社交技术便是这个观点的典型代表者，社交诞生于个人应用的世界，但随着社交需求的井喷，企业应用必然不会忽略这个散发着金光的热点。调查显示，近 70% 的高管表示，如果他们的企业不参与其中，就会被抛弃；而且超过一半的人相信，他们的竞争对手正在通过社交来成功地赢得客户。迎合着这样的变革机遇，社交 CRM 必将迈出其关键一步，抛弃早先管理客户的陈旧理念，从而更及时、更精准地发展客户所需，满足客户潜意识的需求，通过这种价值挑选及推送实现企业资本的增长。

电子商务中的沟通礼仪

一、填空题

1. 客户关系管理是一种以（　　　）为中心的管理思想和经营理念。
2. 客户关系管理的核心是（　　　）管理，客户可以通过多种形式与企业进行交流和业务往来。

二、简答题

1. 简述电子商务环境下客户关系管理的特点。
2. 简述电子商务环境下客户关系管理的实施过程。

课后习题：
认识电子商务客户服务

主要参考文献

1. 姚国章：《电子商务与企业管理》，北京大学出版社2002年版。
2. 康晓东：《电子商务及应用》，电子工业出版社2004年版。
3. 杨坚争、杨晨光、罗来兴、马迁：《电子商务基础与应用》，西安电子科技大学出版社2003年版。
4. 黄晓涛：《电子商务导论》，清华大学出版社2006年版。
5. 俞立平、曹进文、高功步等：《企业电子商务与网络营销》，科学出版社2004年版。
6. 于鹏：《电子商务基础》，电子工业出版社2005年版。
7. 徐敬东、张建忠：《电子商务应用教程》，南开大学出版社2000年版。
8. 田玲：《网络营销理论与实践》，清华大学出版社，北京交通大学出版社2008年版。
9. 彭纯宪：《网络营销》，高等教育出版社2005年版。
10. 李玉清、方成民：《网络营销》，清华大学出版社2006年版。
11. 宋文官：《网络营销及案例分析（第一版）》，高等教育出版社2005年版。
12. 宋文官、徐继红：《电子商务概论》，东北财经大学出版社2007年版。
13. 尚建成：《电子商务基础》，高等教育出版社2005年版。
14. 张立勤：《受众概念的消解与网上调查的勃兴》，紫金新闻评论网站。
15. 李宏："试论网络媒体的统计和评估"，《新闻大学》2001年版。
16. 梅焰：《电子商务与物流管理》，机械工业出版社2010年版。